roberto ezio po~

IL MANUALE PRATICO DELLA VIDEOSORVEGLIANZA

tecnica, installazione, consigli, normativa vigente

collana appunti di sicurezza
SECONDA EDIZIONE 2017

Vietata la riproduzione anche parziale
senza il consenso dell'Autore

a Monica

ISBN:978-1-326-56395-0

prima edizione: febbraio 2016
seconda edizione: marzo 2017

Premessa

Questo manuale costituisce il primo volume di una collana dedicata alla sicurezza civile ed industriale, scritta sulla base di un'ultra ventennale esperienza SUL CAMPO dell'autore nella materia, ed è dedicato specificamente alla videosorveglianza, un settore tecnico-operativo oggi tanto attuale e necessario per garantire la sicurezza civile (ma non solo) attraverso l'adozione di sistemi più o meno complessi di ripresa, controllo e registrazione di immagini provenienti da telecamere di sicurezza.

Il progresso tecnologico è incessante, e così la miniaturizzazione dei componenti elettronici; di conseguenza, crescono le potenzialità operative della videosorveglianza. La crescente consapevolezza del ruolo primario di questi sistemi nella prevenzione dei crimini e nella protezione dei beni privati, oltre al ruolo insostituibile che la videosorveglianza gioca nella individuazione dei colpevoli, rendono questa materia estremamente attuale ed indispensabile nel bagaglio culturale ed operativo degli operatori della sicurezza a tutti i livelli, ma anche per i privati cittadini ed imprenditori che intendano muoversi con maggior consapevolezza in questo campo.

Il volume segue un percorso che parte dalle telecamere (primo anello della catena del sistema intero), per poi illustrare i sistemi DVR (digital video recorder), che dovranno elaborare, registrare ed inviare il flusso video all'esterno, per poi approdare ai vari sistemi di interconnessione tra i singoli componenti del complesso di videosorveglianza ed ai vari modi in cui è possibile remotizzare la gestione del sistema completo.

Per ultimo, ma non certamente per importanza, verranno esaminate le principali normative vigenti in Italia in materia di videosorveglianza, di privacy, di sistemi di ripresa video negli ambienti di lavoro, in modo da fornire una guida sicura per evitare complicazioni e problemi legali legati alla videosorveglianza.

L'ambizione dell'autore è quella di fornire uno strumento pratico e di facile consultazione, per orientarsi nel modo più sicuro possibile in un campo che non è privo di ostacoli ed, ahimè, pieno di pregiudizi e falsi convincimenti, i quali possono limitare, se non vanificare, l'enorme utilità di questi supporti alla sicurezza.

Non dimentichiamo, infine, che la videosorveglianza può essere determinante anche per la difesa dell'incolumità individuale (basti pensare ad efficaci sistemi video anti-rapina) e fornire, di conseguenza, un potente strumento di difesa attiva.

In poche parole, e senza la pretesa di insegnarvi TUTTO, in questo manuale potrete perlomeno imparare come scegliere al meglio (senza buttare via danaro inutilmente) ed installare e gestire bene un sistema anche complesso di videosorveglianza.

Canelli, 14 febbraio 2016

INTRODUZIONE ALLA SECONDA EDIZIONE (2017)

In considerazione del lusinghiero successo, soprattutto quanto a valutazioni dei lettori, della prima edizione di questo manuale, ho pensato di ampliare ed aggiornare il contenuto alle ultime novità tecnologiche che il mercato offre già a distanza di un solo anno.

In particolare, sono stati aggiunti nuovi recentissimi modelli di telecamere, ampliato il glossario tecnico, aggiornata ed ampliata la parte riguardante gli aspetti legali dell'installazione di un sistema CCTV a casa o sul luogo di lavoro.

Questa seconda edizione è frutto del desiderio dell'autore di fornire un supporto up-to-date chi desideri (a titolo professionale o personale) sapere (quasi) tutto sui sistemi di videosorveglianza. Mi auguro di essere riuscito nell'intento.

r.e.p.

Perletto, 22 Marzo 2017

COSA SONO LE TELECAMERE A CIRCUITO CHIUSO E COME FUNZIONANO

Le prime telecamere **CCTV** (closed circuit television), come dice il nome, formano un circuito televisivo CHIUSO, ossia NON diretto alla video-trasmissione circolare (come lo sono, invece, quelle per uso televisivo). Sul concetto di sistema CHIUSO, ossia non destinato alla trasmissione remota delle immagini, tuttavia, si potrebbe già obbiettare, in quanto gli attuali sistemi di videosorveglianza prevedono (eccome !) la trasmissione remota delle immagini all'esterno dei locali o spazi esterni dove esse sono state installate. Ma, per brevità e per evitare confusioni, anche in questo manuale parleremo sempre di telecamere CCTV per indicare quelle realizzate per la sorveglianza video.

I primissimi modelli di telecamere CCTV vennero realizzati (dai tedeschi) durante l'ultimo conflitto mondiale ed erano concepite sulla base dell' allora nascente tecnologia a tubo catodico. Erano, per forma e dimensione, del tutto uguali alle prime telecamere impiegate nei sistemi televisivi sperimentali dell'epoca, ovvero grandi, in bianco e nero e con una risoluzione assai ridotta.

fig. 1 - uno dei primi tubi catodici televisivi

fig. 2 - antica telecamera televisiva (anni 40)

Ma, indipendentemente dalla tecnologia specifica del tubo catodico (in buona sostanza un valvola termoionica modificata) delle primissime telecamere, che vennero poi sostituite da quelle transistorizzate analogiche per arrivare alle modernissime telecamere digitali, lo schema di base di funzionamento di una telecamera CCTV è del tutto simile a quello di una videocamera o fotocamera digitale. Le parti essenziali sono pressoché le medesime, ossia:

a) un **OBIETTIVO** (che raccoglie la luce della scena inquadrata)

b) un **OTTURATORE** che proietta ad intervalli regolabili la luce sulla superficie del sensore retrostante (che ha sostituito la pellicola fotografica)

c) un **SENSORE VIDEO** elettronico (che trasforma la luce proveniente dall'obiettivo in un segnale video elettrico o elettronico)

d) un circuito di **ELABORAZIONE VIDEO** che tratta adeguatamente il segnale video per amplificarlo e migliorarlo, oltre che a suddividerlo in singoli fotogrammi (fotocamera) o lasciandolo intatto come flusso contenente un treno di fotogrammi consecutivi (videocamera)

e) una **MEMORIA** (per conservarvi al suo interno o singoli fotogrammi o l'intero flusso video) —- nelle telecamere CCTV la memoria spesso NON serve e non è presente, di norma, in quanto le immagini vengono memorizzate all'esterno

f) un (EVENTUALE) **DISPLAY** per la visione diretta dei fotogrammi o video catturati —- quasi mai le telecamere CCTV ne sono dotate, in quanto del tutto inutile al loro uso

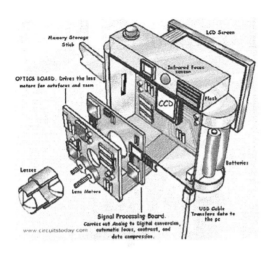

figura 3 - schema di una fotocamera digitale
(fonte: circuitstoday.com)

LENSES = obiettivo
SIGNAL PROCESSING BOARD = circuito di elaborazione
video
CCD = sensore video elettronico
LCD = display

Lo schema della figura 3 illustra le parti essenziali di una fotocamera digitale, con tanto di display retrostante, ma lo utiliz-
ziamo in questa trattazione per chiarire un concetto di base sul
funzionamento delle telecamere CCTV - Basta ricordare che,
di norma, la videosorveglianza si effettua con VIDEOCAME-
RE (e non con fotocamere) in quanto a noi non interessano i
singoli fotogrammi (che potranno, come vedremo più avanti,
essere ricavati in seguito) ma un vero e proprio FILMATO
continuo della scena ripresa.

I PRINCIPALI TIPI DI TELECAMERE CCTV

figura 4 - telecamera CCTV ad ottica fissa di tipo bullet

figura 5 : telecamera CCTV in contenitore stagno

figura 5 - telecamera CCTV con ottica regolabile varifocal

figura 6 - telecamera CCTV con LED illuminatori infrarossi

figura 7 - telecamera CCTV da interno con funzioni PAN e TILT (PT) detta anche ROBOCAM

figura 8 - telecamera CCTV da esterno tipo PTZ (pan-tilt-zoom) detta anche SPEED DOME

figura 9 - telecamera CCTV IP con WIFI

figura 10- obiettivo intercambiabile per telecamere CCTV

TELECAMERE ANALOGICHE, DIGITALI, IBRIDE

E' una classificazione (non determinante ai fini pratici) che peraltro risente di frequenti malintesi concettuali e pratici; comunque, possiamo dire che :

- una **telecamera ANALOGICA** ha un'uscita video <u>SU CAVO COASSIALE</u>, che abbisogna di successiva DIGITALIZZAZIONE (da parte di un DVR) per essere immessa in rete e trasmessa a distanza. MA IL RISULTATO FINALE SARA' COMUNQUE UN'IMMAGINE DIGITALE. In termini di qualità, le più moderne telecamere analogiche nulla hanno da invidiare alle digitali.

- Una **telecamera DIGITALE** ha un uscita video <u>SU CAVO DI RETE LAN</u> (e quindi già digitale in senso stretto) essendo già avvenuta la conversione del segnale elettrico in segnale digitale (serie di UNO e ZERO) all'interno della telecamera. Tuttavia, in termini di qualità, una telecamera digitale potrebbe anche essere pessima, se tale è il suo obiettivo o il suo sensore.

- Una **telecamera IBRIDA** possiede entrambe le uscite (segnale video standard per cavo coassiale e segnale su cavo rete LAN) ed è quindi più versatile, potendosi collegare indifferentemente ad un DVR (digital video recorder) o a un NVR (network video recorder). Quanto alla sua qualità, valgono le considerazioni viste sopra.

<u>ATTENZIONE DUNQUE A NON CONSIDERARE LE TELECAMERE ANALOGICHE INFERIORI IN PARTENZA</u>

RISPETTO ALLE DIGITALI ! Le prestazioni dipendono, infatti, da molti fattori !

ZOOM OTTICO E ZOOM DIGITALE:

Chiariamo subito un frequente dubbio in materia di prestazioni di una videocamera o telecamera per CCTV: nelle caratteristiche indicate dal produttore si fa riferimento allo ZOOM OTTICO ed allo ZOOM TOTALE della stessa, riferendosi alla capacità di ingrandimento della camera in questione. ATTENZIONE: lo zoom ottico è dato dalla capacità di ingrandimento dell'OBIETTIVO montato su questa, e quindi si fa riferimento all'ingrandimento massimo senza degradazione (o quasi) dell'immagine. Lo zoom digitale (o zoom totale perché sommato allo zoom ottico) è invece frutto di una successiva elaborazione elettronica dell'immagine stessa che avviene all'interno della telecamera, per cui avremo, si, un maggiore ingrandimento totale ma ne risulterà anche un'inevitabile perdita di qualità dell'immagine. Per scopi di videosorveglianza è MEGLIO NON TENERE CONTO DELLO ZOOM TOTALE , considerando soltanto l'eventuale zoom ottico dell'obiettivo (a volte intercambiabile) montato sulla telecamera.

Abbiamo dunque già compiuto un primo, importante, passo. Capire che una telecamera CCTV è quasi identica ad una normale fotocamera o videocamera digitale per uso fotografico o video ci aiuta a focalizzare (guarda caso… mettere bene a fuoco…) uno dei più importanti problemi nella scelta di una telecamera CCTV, ossia quello di dotarci di uno strumento che ci fornisca immagini CHIARE, DETTAGLIATE, LUMINOSE ANCHE DI NOTTE. Se pensiamo ad una normale fotocamera (nota bene. parlo prevalentemente di fotocamera e non di videocamera per rendere più chiaro ed immediato il concetto) già sappiamo che la bontà della stessa è data dalla qualità dei suoi componenti interni.

Tutti sappiamo che una fotocamera reflex professionale ci darà immagini migliori e più dettagliate di quelle ottenibili con la telecamera di un telefonino economico.

Guardando lo schema della fig. 3 è evidente che il primo "lavoro" lo dovrà fare l'OBIETTIVO. Ebbene, considerando che tanto più è grande la dimensione fisica della lente frontale, tanta più luce potrà veicolare all'interno della fotocamera, abbiamo già fatto un altro passetto: da un obbiettivo piccolo (di ridotto diametro) non potremo aspettarci che raccolga tanta luce, ergo: le riprese con scarsa visibilità e/o notturne non saranno di buona qualità.Vi faccio un esempio facile molto "fotografico"? Avete presente le dimensioni sproporzionate dei teleobiettivi usati dai fotografi che vediamo nei TG per i servizi sui lavori del Parlamento? Devono forse fotografare soggetti lontanissimi? NO. Ma essendo vietate le fotografie coi flash all'interno del Parlamento e dovendo (ma sarebbe meglio dire "volendo") i fotografi cogliere anche il minimo particolare dei deputati, come un foglietto che stiano scrivendo o lo schermo del loro tablet, DEVONO QUINDI FARE ENTRARE MOLTISSIMA LUCE per avere buone fotografie. Per questo motivo utilizzano "cannoni" con obiettivi che abbiano il più ampio diametro possibile.

Quanto alle **CARATTERISTICHE OTTICHE degli obiettivi per CCTV**, possiamo dire che, grosso modo, sono le medesime di quelle presenti in fotografia ed in video. L'UNICA VERA DIFFERENZA tra un obiettivo per telecamera CCTV ed uno per foto/video è che, a volte, in quelli per CCTV è assente il DIAFRAMMA, ossia quella parte meccanica che regola la quantità di luce che entra in camera mediante una tendina a lamelle circolari. Nelle telecamere CCTV la regolazione della quantità di luce in entrata viene effettuata automaticamente dal circuito interno della camera, agendo sulla velocità dell'otturatore (elettronico) che permetterà di variare la velocità di acquisizione dei singoli fotogrammi, ossia la velocità di permanenza della luce sul sensore prima di essere passata allo stadio successivo. Come accade per le fotocamere e le videocamere, con poca luce il video AVRA' UN NUMERO DI FOTOGRAMMI INFERIORI rispetto allo standard (tipicamente da 24 a 60 f.p.s. - frame per second -). Con molta luce il video potrà essere costituito da un numero di fotogrammi superiore rispetto all'unità di tempo, perché la luce che proviene dall'obiettivo dovrà "fermarsi" meno tempo sul sensore per generare un segnale elettrico sufficiente ad essere rilevato dal circuito successivo.

Normalmente sull'obiettivo è segnata una serie di valori, come in fotografia, con l'indicazione del diametro dell'obiettivo, della sua apertura di diaframma massimo e del suo angolo di campo di ripresa in gradi (come vedremo dopo)

Purtroppo, nelle telecamere CCTV non si possono usare obiettivi frontali ampi come quelli dei fotografi parlamentari. Quindi... per avere buone riprese con poca luce (e soprattutto di notte) o si ricorre a FARI che illuminano la scena a giorno (ma consumano parecchio e spesso non sono né tecnicamente ne esteticamente accettabili) oppure la palla passerà all'elemento immediatamente dietro l'obiettivo, ossia **IL SENSORE.**

Ricorrerò nuovamente ad un esempio fotografico. Se capirete bene questi concetti, mi ringrazierete di aver fatto così abbondante uso di paragoni con le macchine fotografiche.

Non potendo usare obiettivi di dimensioni enormi (se non in casi specialistici estremi) le fotocamere a pellicola (ormai obsolete ma, in questo caso, utili per fini espositivi) utilizzavano PELLICOLE AD ALTA SENSIBILITÀ. Quindi ? Riprese notturne senza flash di ottima qualità ? Più o meno... Tali pellicole avevano il difetto INSORMONTABILE di presentare una assai elevata granulosità. Raccoglievano più luce, si... ma le fotografie scattate con quelle pellicole presentavano una grana assai più marcata. Per non parlare dei colori....Tornando a noi :

Come abbiamo visto anche nello schema, il sensore (CCD O CMOS che sia) della nostra telecamera CCTV è nello stesso esatto punto ove la luce che proviene dall'obiettivo si riflette, formando l'immagine (o il flusso video di immagini) che vogliamo registrare. E purtroppo i sensori hanno lo stesso "difetto" delle pellicole: quelli molto sensibili alle basse luci formano un'immagine più granulosa, meno definita e dai colori confusi o del tutto assenti.

Intanto, diciamo che esistono due tipi di sensori: i CCD ed i CMOS, vediamone le principali differenze:

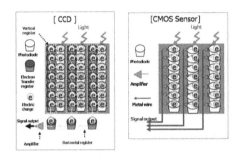

figura 11- sensori CCD e sensori CMOS

CCD (Charge-Coupled Device)

Sono nati per prima e sono "nativamente" più adatti alla conversione luce/segnale elettrico di buona qualità. Praticamente tutte le fotocamere e videocamere di fascia medio/alta impiegano questo tipo di sensore che restituisce un segnale elettrico di buona qualità e con basso rumore di fondo. Questo tipo di sensore necessita di minore elaborazione elettronica per fornire una buona immagine, ma necessita di molta più elettricità per il suo funzionamento. E' QUINDI RELATIVAMENTE POCO IMPIEGATO NELLE TELECAMERE CCTV che ormai impiegano prevalentemente sensori CMOS

I CMOS (Complementary Metal-Oxide-Semiconductor)

Sono più recenti e più diffusi, costituendo altresì la maggioranza di quelli impiegati nelle camere CCTV, in quanto più leggeri e dal consumo molto più basso rispetto ai CCD. A differenza di quest'ultimi necessitano di una più complessa post-elaborazione del segnale e benché concettualmente meno performanti dei loro fratelli CCD stanno via via assumendo caratteristiche di resa assolutamente paragonabili, se non uguali, ad essi. Permane, tuttavia una maggior "rumorosità" intrinseca rispetto ai sensori CCD, anche se le attuali soluzioni costruttive ne vedono sempre migliorare le prestazioni finali.

Dunque, CCD O CMOS? Difficile dare una risposta valida in assoluto. Dipende dai casi. Possiamo, comunque, dire che il gap di prestazioni tra i due sistemi si sta sempre più assottigliando.

La dimensione del sensore, comunque, vuol dire molto: più grande esso sarà, e di meno luce abbisognerà per darci immagini accettabili. Ma questo funziona fino ad un certo punto. Per motivi fisici e limiti elettronici, ad oggi ancora invalicabili, il sensore della nostra, magari ottima, telecamera CCTV quasi mai raggiungerà la dimensione di un francobollo e quindi, mettiamola così, qualcosa lo farà l'obiettivo, qualcos'altro il sensore ma nessuno dei due componenti della telecamera sarà sufficiente per garantirci una qualità video perfetta di giorno e di notte. La telecamera, a quel punto, farà un altro passaggio di mano (se non uno scaricabarile:) la palla passerà allo stadio successivo: <u>IL CIRCUITO DI ELABORAZIONE VIDEO.</u>

In questo caso l'esempio fotografico servirà a poco. Utilizzerò quindi un altro esempio per farvi capire quali problemi e quali soluzioni si potranno adottare perché lo stadio circuitale di elaborazione video faccia al meglio il suo dovere.

Pensate ad un "vecchio" giradischi. Quando si metteva sul piatto un LP (accidenti, i giovani che mi leggono magari nemmeno sapranno di cosa parlo) NUOVO, la testina del giradischi (pickup) leggeva le tracce del disco in vinile, producendo alla sua uscita un debolissimo flusso di corrente che mai avrebbe potuto far funzionare un altoparlante senza venire filtrato ed amplificato da altri stadi dell'impianto stereo. Tutti ricordate l'abissale differenza di risultato sonoro finale, con lo stesso LP nuovo, se suonato su una baracchetta da quattro soldi o su un impianto HIFI di alta gamma. Ciò a causa di una complessa serie di "passaggi" del debolissimo segnale elettrico prelevato dal pickup del braccetto del giradischi fino alle casse sonore. Era, infatti, necessario impiegare componenti elettronici (negli anni, prima valvole, poi transistor poi circuiti integrati) di qualità assoluta per non amplificare anche i rumori indesiderati (creatisi all'interno dello stesso circuito elettronico) ma soltanto il segnale audio e, soprattutto, per amplificarlo quanto più fedelmente aderendo alla curva sinusoidale del suo inviluppo (ma non esageriamo col tecnicismo). La buona qualità dei componenti era necessaria per riprodurre, appunto, FEDELMENTE il segnale prelevato dai microsolchi del nostro disco. Ed i componenti di alta qualità costavano allora quanto costano oggi (seppur non in modo esattamente lineare) per cui negli impianti HIFI la parte più cruciale stava quasi sempre nascosta all'interno dell'amplificatore.

Ahimè, anche nelle telecamere lo stadio di elaborazione ed amplificazione del segnale video (prelevato sul sensore) potrà variare enormemente a seconda del tipo circuitale e della qualità di amplificazione a cui verrà sottoposto. Ma su questo ci possiamo fare quasi nulla. Soprattutto, non sono elementi sui quali possiamo fare alcuna scelta acquistano una telecamera. Ci dobbiamo fidare dei (pochissimi) dati che il produttore fornisce a riguardo dello stadio di elaborazione video. Facciamo, magari, la nostra parte "mettendo un LP NUOVO sul piatto del giradischi" ossia, non inserendo nel circuito troppe distorsioni e rumore generati da un obiettivo di scarsa qualità e/o da un sensore troppo piccolo e di rango consumer. Mi spiego?

A questo punto, sempre seguendo lo schema della fotocamera al quale ritorniamo, il nostro raggio di luce raccolto dall'obiettivo è diventato un segnale elettrico dopo aver colpito il sensore ed è stato amplificato e filtrato quanto doveva esserlo per poter finalmente uscire dalla telecamera. Solo allora potrà essere registrato, riprodotto su un monitor, trasmesso via etere o via internet e magari tutte queste cose assieme.

VARI TIPI DI TELECAMERE :

Esistono diversi tipi di telecamere CCTV, la cui combinazione ottica/dimensione del sensore permetterà loro di essere catalogate a seconda del loro effettivo "raggio di azione" ossia alla ampiezza effettiva del campo ripreso:

LE TELECAMERE STANDARD (figg. 4,5 ,6)

Hanno un obiettivo che in fotografia corrisponde più o meno al classico 50 mm fotografico. Soffrono lievemente la scarsità di luce serale/notturna in quanto "catturano" meno luce da eventuali fari o lampioni che rischiarino il campo inquadrato. Permettono una buona riconoscibilità dei visi e dei particolari a breve/media distanza. Alcune possono avere obiettivi intercambiabili. Di solito riportano l'indicazione +- 8 mm.

LE TELECAMERE GRANDANGOLARI

Corrispondono all'incirca agli obiettivi fotografici inferiori ai 30 mm. Sono più luminose, inquadrano un campo utile molto più vasto e quindi permettono di seguire meglio un'azione che si sta svolgendo nel loro campo d'azione prima che i soggetti inquadrati escano dal campo stesso. Per contro, la riconoscibilità di persone a medio/breve distanza è inferiore. SONO TUTTAVIA LE PIU' DIFFUSE IN COMMERCIO e, sostanzialmente, le più impiegate nei sistemi di videosorveglianza.

Alcune possono avere obiettivi intercambiabili. Di solito riportano l'indicazione +- 4 mm.

ATTENZIONE: non intendo confondervi le idee sul calcolo esatto dell'angolo ripreso effettivamente , che è anche in relazione alla dimensione del sensore all'interno della telecamera CCTV , ma vi consiglio di dare un'occhiata a questi schemi, che chiaramente indicano che tanto più è corta la lunghezza focale di una telecamera e tanto più ampia sarà la zona ripresa, anche in relazione alla distanza tra l'obiettivo della stessa telecamera ed il soggetto :

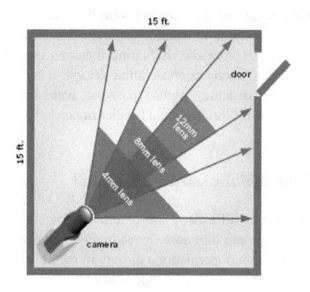

figura 12 - relazione tra lunghezza focale ed angolo ripreso
(fonte https://www.dtsdigitalcctv.co.uk)

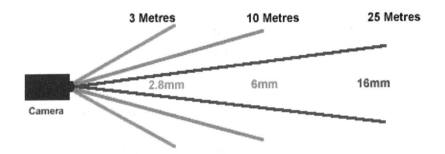

figura 13 relazione tra lunghezza focale e distanza del soggetto.

LE TELECAMERE CON ILLUMINATORI AD INFRAROS-SI (fig. 6)

Possono, indifferentemente, avere ampiezza di campo normale o grandangolare, ma, in più, sono dotate di una serie di LED INFRAROSSI posti intorno all'obiettivo che si attivano automaticamente al calare dell'oscurità ed illuminano la scena fino ad una distanza fino ai 50 metri (a seconda del numero di LED IR presenti) - La quasi totalità di queste telecamere possiede un FILTRO MECCANICO INTERNO che si attiva quando cala il buio e permette una visione più chiara della scena, in quanto il filtro lascia passare la luce sulla frequenza degli infrarossi (IN BIANCO E NERO), per poi riprendere la normale visione A COLORI allorché la luce ambientale torni su valori diurni (e si spengono quindi anche i LED IR).

LE TELECAMERE VARIFOCAL (figura 5)

Hanno uno zoom pre-impostabile manualmente, ossia è possibile ruotare un ghiera attorno all'obiettivo per scegliere l'inquadratura preferita, che poi si suppone rimanga quella operativa, in quanto è necessario procedere manualmente ogni volta che si intende aumentare o diminuire lo zoom della telecamera. Molto utili in situazioni particolari, come ad es. quando si vuole "fissare" un'inquadratura particolare in una scena ove sono già presenti altre telecamere. Difficilmente avranno obiettivi intercambiabili. Di solito necessitano di protezione esterna.

LE TELECAMERE PAN- TILT (figura 8)

Insostituibili quando si vuole brandeggiare (anche da remoto, via internet) una telecamera, muovendola in senso verticale (TILT) o orizzontale (PAN), ma non sullo zoom. Hanno diverse posizioni di memoria (inquadrature specifiche memorizzabili) e quasi sempre sono dotate anche di audio bi-direzionale (di mediocre qualità) SONO MOLTO DIFFUSE QUELLE DA APPARTAMENTO - DI INSTALLAZIONE RAPIDA e semplice. Quasi tutte hanno funzione WIFI e connessione di rete (vedasi capitolo sulla connessione). Tutte sono, comunque, dotate di LED illuminatori ad infrarossi. ATTENZIONE: la maggior parte di queste possiedono un SERVER INTERNO che rende inutile (ed impossibile da collegare a) un DVR - Ne parleremo meglio oltre.

LE TELECAMERE PTZ (PAN-TILT-ZOOM) dette anche SPEED DOME (figura 9)

Costituiscono senza dubbio l'élite delle telecamere da video-sorveglianza. Sono brandeggiabili (anche da remoto, via internet) sui due assi (ALTO-BASSO e DESTRA -SINISTRA) ed in più possiedono lo zoom, che permette loro di essere "puntate" su un particolare specifico. Possono ruotare a 360 gradi ed inclinarsi di 180 gradi, sono velocissime a spostarsi su comando (di qui il nome di speed-dome) ed hanno molte posizioni specifiche memorizzabili, tra le quali possono effettuare "ronde" specifiche, percorsi programmati ecc. - ALCUNE sono dotate di LED infrarossi per illuminare automaticamente la scena in condizione di scarsa visibilità.

Le più sofisticate hanno anche diverse funzioni extra come l'auto-inseguimento di un soggetto in movimento, la rilevazione di oggetti depositati o mancanti (utilissimi per scopi di polizia ed anti-terrorismo) - Alcune hanno funzioni di rete e WIFI. SONO LE MIGLIORI IN ASSOLUTO per una vigilanza dinamica, ove un operatore possa muoverle in continuo e tenere sotto controllo anche ampi spazi con un numero relativamente basso di PTZ. NON SONO MOLTO ADATTE, invece, nelle installazioni "poco presidiate", ossia in quei casi ove la sorveglianza non venga effettuata più volte al giorno, e ve ne spiego subito il motivo: una telecamera PTZ, per sua natura, raramente viene lasciata "dezoomata" (ossia in posizione grandangolare) e puntata su una zona che potremmo definire "d'interesse generale". Più frequentemente le PTZ si lasciano puntate ed a forte grado di ingrandimento su qualche particolare della scena che ci interessava in quel momento. Il rischio, dunque, è che una PTZ non presidiata NON ci lasci vedere (e quindi registrare) parti della scena che in un secondo momento possano rivelarsi fondamentali per documentare intrusioni ed accessi o anche passaggi sospetti. Il principio generale di corretta installazione dovrebbe prevedere una o più PTZ che riprendano una zona GIA' COPERTA PERMANENTEMENTE DA TELE-CAMERE FISSE. Possiamo quindi definire le PTZ come telecamere AUSILIARIE a quelle fisse, quest'ultime deputate al compito di sorvegliare permanentemente l'area, lasciando il compito di zoomare (permettetemi il termine) su PARTICO-LARI della scena che interessino in quel momento, ad es. targhe, visi, ecc. L'esperienza mi ha insegnato che troppo spesso le PTZ vengono sopravvalutate, soltanto riferendosi alla loro capacità di vedere a 360 gradi. Poi… nella pratica, vengono lasciate, soprattutto di notte, puntate verso una direzione speci-

fica e magari con troppo zoom, lasciando quindi scoperte ampie e talvolta determinanti zone del luogo da sorvegliare.
A questo proposito, tuttavia, giova ricordare che le più recenti PTZ permettono di impostare parametri avanzati, tra i quali la funzione di riportarsi automaticamente ad una inquadratura standard predefinita dopo un certo tempo che non abbiano ricevuto un comando di spostamento verso una data direzione. In tal modo, si riduce il rischio di dimenticarle puntate e zoomate nella direzione che non interessa più.

Altra cosa fondamentale che è necessario tener presente, parlando di PTZ: la loro programmazione non è proprio una passeggiata. Come i tutti i mezzi tecnici molto evoluti, richiedono un po' di pazienza ed una attenta lettura dei manuali a corredo per imparare a programmarle nel modo più rispondente alle necessità specifiche dell'utilizzatore. NON VADANO MAI CONSIDERATE UN MEZZO DI FACILE UTILIZZO ED USO UNIVERSALE. Non lo sono per loro natura.

USO NOTTURNO DELLE TELECAMERE CCTV

Quando si parla di CCTV bisogna sempre tener presente che la loro utilità pratica sarà riferita anche e soprattutto alla loro capacità di restituire BUONE IMMAGINI di notte e con poca luce ambientale. Un errore che spesso ho potuto riscontrare in questi anni è stato frutto di una errata progettazione e/o di una errata scelta. Il principio generale da tenere a mente è che CON MOLTA LUCE ANCHE UNA TELECAMERA DA QUATTRO SOLDI VI DARA' IMMAGINI BUONE mentre, come si suole dire, l'asino casca quando vedrete le registrazioni delle stesse telecamere effettuate con poca luce o di notte. Questo accade, come abbiamo visto, per limiti intrinsechi degli obiettivi e dei sensori montati sulle telecamere. La luce ambientale non ce la possiamo inventare quando a noi farebbe comodo che ci fosse. Ma, per fortuna, un valido aiuto ci verrà dato da un'indicazione presente sulle caratteristiche tecniche indicate per legge in ogni telecamera CCTV, ovvero quella riferita alla loro LUMINOSITÀ.

La luminosità di una camera CCTV viene indicata in LUX, unità di misura ufficiale del Sistema Internazionale che misura l'illuminamento effettivo, da non confondere col LUMEN, che misura il flusso luminoso. Senza troppo addentrarsi nella spiegazione fisica, possiamo dire che, supponendo di rischiarare una zona buia con una lampadina, i lux indicheranno QUANTA LUCE RISCHIARA LA ZONA ed i lumen QUANTA LUCE EMETTE LA LAMPADINA. Sono, evidentemente, concetti legati tra loro in modo complesso ed in certa misura anche variabili, ma per quanto interessa a noi qui, possiamo dire che dobbiamo capire bene che i LUX indicati nei manuali delle telecamere indicano QUANTA LUCE DOVRA' ESSERE PRESENTE nella scena perché la telecamera reagisca "vedendo attorno" e permettendone la registrazione e/o la visione su un monitor.

ATTENZIONE ! Quando leggete sui dati tecnici di una telecamera che la sua sensibilità (ma sarebbe più corretto parlare di ILLUMINAZIONE MINIMA RICHIESTA) è pari a 1 LUX (che potrebbe sembrare un valore bassissimo ed indicare quindi una telecamera molto sensibile), considerate invece che, a fini di videosorveglianza, tale valore indicherà una telecamera

INUTILIZZABILE, essendo 1 LUX l'illuminazione presente al crepuscolo, ossia il momento in cui il giorno volge in notte. Al di sotto di quel valore minimo, la vostra telecamera NON VEDRA' NULLA !

Certo, mi direte, ma dove voglio metterla io non è proprio buio pesto ! Non importa.

Anche con qualche lampione o luce riflessa nei paraggi, se volete risultati utili NON INSTALLATE TELECAMERE CCTV CON SENSIBILITA' CHE NON SIA ALMENO PARI A 0.1-LUX - MEGLIO ANCORA SE 0.01 LUX O VALORI ANCORA PIU' BASSI. Si tenga presente che con un illuminazione ambientale vicino alla soglia di sensibilità minima (illuminazione necessaria, per dirla meglio) qualsiasi telecamera, anche di livello professionale, lavorerà un po' "messa alla corda", per cui sarà buona norma orientarsi verso modelli che permettano loro di non lavorare "tirandole al massimo".

Per spiegarmi meglio, possiamo fare un altro esempio pratico:
Vi fidereste di una torcia elettrica che riesca a mala pena ad illuminare a 10 metri da voi? Non si pretenda l'impossibile per una telecamera! Piuttosto si aggiunga un faro opzionale per rompere il buio totale!

Diciamo ancora che, per quanto le telecamere anche non particolarmente "luminose" permettano di vedere abbastanza bene in un contesto di illuminazione standard (che potrebbe essere ad es. un cortile illuminato da una sola lampadina e magari in parte rischiarato da luce riflessa dalla strada) se la zona inquadrata dovesse cadere nella totale oscurità, sia per blackout elettrici (provocati o spontanei) anche una telecamera che, normalmente "vede bene" potrebbe risultare del tutto cieca col buio totale. NON PORTIAMOLE AI LIMITI .

Ho voluto insistere particolarmente sul concetto di luminosità minima richiesta, che poi indica la sensibilità dell'insieme obiettivo/sensore della nostra telecamera, perché stiamo arrivando al PRIMO E PIU' DIFFUSO PUNTO DEBOLE DI UN SISTEMA DI VIDEOSORVEGLIANZA.

Come vedremo meglio in seguito, un sistema di videosorveglianza è qualcosa di abbastanza complesso, pur sembrando semplice quando lo si vede installato. Un sistema di videosorveglianza che impieghi telecamere di bassa qualità o che non riescano a "vedere" bene di notte dimostrerà prima o poi dei limiti DRAMMATICI. Saranno soldi buttati via, oltretutto.

"Che rabbia aver ripreso tutto ed avere un filmato in cui si vedono sole ombre indistinte ! "
Ho sentito dire questa frase infinite volte, durante la mia attività professionale. Ma SPESSO SI TRATTAVA DI IMPIANTI CON TELECAMERE SCELTE MALE O SUL COSTO DELLE QUALI SI ERA VOLUTO RISPARMIARE (oltre il ragionevole).

Credo che la nostra passeggiata nel settore della videosorveglianza sia giunta ad un altro punto fermo.

Abbiamo capito che, pur essendo possibile non spendere una fortuna per realizzare un efficace sistema di videosorveglianza, il primo errore da evitare è quello di NON utilizzare telecamere di costo quasi irrisorio, presenti sul mercato online e sui banchetti dei mercatini. Ho persino visto un kit di videosorveglianza offerto in dono da una ditta di formaggi se ne compravate davvero tanti!

La maggior parte dei ladri, rapinatori o, peggio ancora, terroristi, s'intende di telecamere ben più della maggioranza delle persone che le hanno installate, non dimenticatelo mai.

Figura 14 : frame da telecamera CCTV di bassa qualità. Poco utile !

FERMI TUTTI ! FATEMI PARLARE SUBITO **DI TELE-CAMERE FINTE E DI EFFETTO DETERRENTE DELLE TELECAMERE:**

Per quanto qualcuno addirittura sostenga che persino le TELECAMERE FINTE servano a qualcosa, almeno come deterrente, la realtà è ben diversa.

Le RIDICOLE telecamere finte, con tanto di simpatico LED rosso lampeggiante o anche con movimento casuale della stessa all'avvicinarsi di una persona (pur utilizzando alcune di esse una tecnologia ad infrarossi passivi per rilevare il movimento) non soltanto SONO INUTILI ma, addirittura CONTROPRODUCENTI. Affrontereste un rapinatore con una pistola palesemente finta? E, soprattutto, pensate davvero che una telecamera anche non funzionante ABBIA EFFETTO DI DETERRENZA? Niente affatto.

La cronaca ci mostra quotidianamente malviventi che sapevano benissimo di essere stati ripresi. Hanno forse evitato di compiere il furto o rapina o l'attentato? No. Magari si sono (talvolta) celati il volto…. ma delle telecamere se ne sono altamente infischiati, per quanto SIANO STATI CATTURATI proprio grazie a quelle.

E' DATO CERTO CHE LA STRAGRANDE MAGGIORANZA DEI CRIMINALI NEL MONDO VENGANO IDENTIFICATI GRAZIE ALLE TELECAMERE CCTV! E PARLIAMO, QUINDI, DI SISTEMI DI VIDEOSORVEGLIANZA CHE ABBIANO FUNZIONATO BENE, CON BUONA QUALITÀ' D'IMMAGINE REGISTRATA O VISTA IN DIRETTA.

Pochi se lo chiedono, prima di installare un sistema di video-sorveglianza, ma le persone riprese dallo stesso devono essere RICONOSCIBILI e si deve pure capire bene COSA STAVANO FACENDO. Per ottenere tutto ciò ci vuole QUALITÀ TECNICA ED UNA CORRETTA INSTALLAZIONE DELL' IMPIANTO

Tuttavia considero l'effetto deterrente di una serie di telecamere MOLTO BASSO, ne più ne meno di quanto sia pochissimo deterrente il banale ed onnipresente cartello "ATTENTI AL CANE" appeso ad un cancello.

Sopravvalutare la deterrenza di un sistema di videosorveglianza ben visibile ed indicato da cartelli (di legge, come vedremo oltre) è UN ALTRO GRAVE ERRORE IN QUESTA MATERIA.

Chi ritiene che il ladro, rapinatore o rapitore che sia, si spaventi per qualche telecamera puntata verso di lui è in grave errore. Errore che definisco GRAVE proprio perché le telecamere BENE IN VISTA (per essere deterrenti devono pur vedersi) magari in qual contesto specifico potrebbero non essere messe nella posizione migliore per riprendere bene ciò che vogliamo tenere sotto controllo! A volte, al contrario, è necessario installarle in posizioni meno visibili ma più efficaci. Voi fate come volete, ma personalmente vi consiglio di attenervi ad una semplice regola: LE TELECAMERE DEVONO FUNZIONARE BENE. Non ho detto "devono spaventare" o "devono far desistere". Perciò vi sconsiglio davvero di ritenerle deterrenti. SIANO BUONE, FUNZIONANTI BENE E PUNTATE CORRETTAMENTE,

fig. 15 - …e se il cane non ci fosse o non bastasse?

fig. 16- cartello videosorveglianza

POSIZIONAMENTO DELLE TELECAMERE

Se scegliere una BUONA TELECAMERA è certamente un punto di partenza imprescindibile, non basta di certo. Andiamo quindi subito al passo successivo :

QUANTE TELECAMERE INSTALLARE ?

Una mia, personalissima, risposta a questa fatidica domanda è: **"UNA IN PIU' DI QUANTE NE SERVONO "** e potrà sembrare una boutade o un ragionamento di mera convenienza. In realtà, parlando di sicurezza in generale, occorre ricordare che, per quanto la sicurezza TOTALE non sia mai ottenibile, in pratica, sarebbe sempre meglio MIRARE A QUELLA. Partire da un concetto di SICUREZZA PARZIALE, accettando di limitarla è, per quanto comprensibile dal punto di vista dell'impegno economico, una possibile fonte di guai.

"Installiamone il minor numero possibile" è spesso la richiesta dei clienti di coloro che si occupano di sicurezza. Comprensibile, pensando al legittimo desiderio di spendere il meno possibile. MA SBAGLIATO. Vedremo oltre, semmai, come risparmiare dei bei quattrini in altro modo. QUI DOBBIAMO CAPIRE QUANTE NE SERVONO IN OGNI SITUAZIONE SPECIFICA. E non esiste la regoletta magica, ma solo un principio di base:

UN LAVORO FATTO BENE NON LASCIA ZONE IMPORTANTI SCOPERTE. Potrà sembrare anche troppo banale, ma non lo è poi tanto. Occorre, a questo proposito, ricordare che il cliente che vi chiederà di installare un sistema di videosorveglianza, MOLTO PROBABILMENTE AVRA' GIA' SUBITO UN FURTO O PATITO ALTRO DANNO GRAVE. E' quindi comprensibile che vi chieda di "coprire " con le telecamere la zona specifica dove, ad esempio, i ladri siano già passati QUELLA VOLTA, E DOVE IL CLIENTE RITIENE SIANO PASSATI. Il che non coincide sempre con le zone MIGLIORI dove iniziare a mettere telecamere di videosorveglianza. ATTENZIONE a non assecondare troppo le richieste dei vostri clienti! Perlomeno, non fatelo acriticamente e senza illustrare loro che, magari, vi sono opportunità di installazione più convenienti ed adatti a quel caso rispetto quelle che vi suggeriscono i clienti stessi.

L'ideale rimane sempre COPRIRE TUTTA LA ZONA CRITICA, tenendo conto dell'angolo di campo effettivamente inquadrato dalle telecamere. Ma non solo: E' BUONA NORMA, ove sia possibile, sovrapporre lievemente le zone inquadrate da ogni singola telecamera, in modo da permettere una visione più dinamica di un soggetto in movimento e per non lasciare "buchi" in parti importanti della zona controllata.

ATTENZIONE! Vi ho parlato di ZONE IMPORTANTI o ZONE CRITICHE e non necessariamente di TUTTA LA ZONA DI PROPRIETÀ. Ai fini della videosorveglianza è meglio concentrarsi sulle zone di ACCESSO PRINCIPALE ALLA PROPRIETÀ, ZONE DI ACCESSO INTERNE, ZONE SENSIBILI. Molto spesso, infatti, è tecnicamente o economicamente impossibile coprire tutta la zona di proprietà.

INSTALLAZIONI ESTERNE

Facciamo un esempio pratico:

fig. 15 - esempio di installazione complessa

Guardate bene lo schema della figura 15, che illustra bene alcune caratteristiche importanti di una installazione esterna abbastanza complessa. Mi direte che avrei potuto partire dalla classica casetta quadrata nel centro di un giardino altrettanto quadrato. Ma cosa vi servirebbe? Ve ne potrà mai capitare una? No, no.. partiamo invece da un esempio che vi potrà capitare molto più di frequente nella pratica.

Qui abbiamo un edificio centrale, sicuramente una casa di civile abitazione, e due dependance, probabilmente un garage ed un ricovero attrezzi.

Le telecamere, otto in tutto, ad un occhio diciamo... poco allenato, sembrano installate in posizioni bizzarre. Capiremo assieme il perché non lo siano.

Scartiamo il più semplice ed immediato schema con telecamere poste ad ogni angolo della proprietà, tanto rivolte verso la casa che verso l'esterno, per un serie di motivi non così intuitivi ai non esperti. Vedete i coni grigi che indicano il campo inquadrato da ogni camera? Avete notato che più ci si allontana dalla telecamera il cono (campo ripreso) si allarga? E' normale. Tenete presente, detto ciò, che l'immagine migliore ci viene data quando la camera inquadra un soggetto vicino. Se avessimo messo meno telecamere, poste sugli angoli della casa o della recinzione esterna, un soggetto nei pressi delle entrate principali della casa verrebbe ripreso DA LONTANO E DI SPALLE, nel caso di camere poste sulla recinzione, rivolte verso la casa. Se invece le telecamere fossero poste sui quattro angoli cardinali della casa, rivolte verso l'esterno, lo stesso soggetto, fatalmente, finirebbe nell'angolo morto di ripresa sotto ciascuna camera e quindi, giunto nei pressi di una porta, sparirebbe dall'inquadratura. PER SEMPLIFICARE: PENSATE AL CAMPO DI AZIONE DI UNA TELECAMERA COME AD UN FARO.

figura 16 - la telecamera come un faro

Per arrivare a vedere lontano, una telecamera, come il faro, deve essere posta in alto. Essendo posta in alto, ad esempio sotto una grondaia, vedrà agevolmente (come un faro farà luce) fino alla recinzione della nostra casa, e pure allargando parecchio il suo campo. Ma chi arriva dall'esterno verso un porta o verso una finestra , dapprima verrà illuminato un po' da lontano e quando sarà giunto nei pressi di una possibile entrata in casa finirà fatalmente "sotto" il cono del faro, rimanendo nel buio, ossia non inquadrato nel caso della nostra telecamera.

Mettere le telecamere sui quattro punti (della casa o della recinzione) più in basso ? Non arriverebbero a vedere molto lontano e (guardate ancora lo schema sopra) verrebbero anche ostacolate dal corpo di altri edifici (garage e ricovero attrezzi nel nostro caso d'esempio).

Ecco perché lo schema di esempio della figura 15 è una BUO-NA INSTALLAZIONE. Pur non vedendo tutta la proprietà, vede tutti i principali punti di accesso alla casa ed al garage con una inquadratura nei pressi delle porte davvero ravvicinata e quindi, di buona qualità ai fini del riconoscimento di partico-lari importanti dell'ospite indesiderato.

La scelta, poi, di privilegiare le telecamere POSTE SULLA CASA comporta inoltre una più agevole cablatura delle tele-camere, con cavi molto più corti e più facilmente fissabili sot-totetto, rispetto a cavi che dalla recinzione esterna vadano ver-so la casa. Magari dovrete affrontare la solita questione "esteti-ca" coi vostri committenti. Vi diranno che le telecamere poste sotto il bordo del tetto stanno male. Ma farete loro notare che fare correre cavi aerei dalla recinzione verso casa non sarà, esteticamente, molto meglio. Non sarà nemmeno tanto agevole (ed economico) fare correre i cavi delle telecamere sottoterra, pur potendo, talvolta, utilizzare canaline già presenti. Ci sareb-bero certamente altri problemi di cui parleremo più avanti. Se potete, mettetele sugli edifici da proteggere. UNA REGOLA (quasi) sempre valida e' : RIPRENDETE I LADRI IN FAC-CIA. Capito il concetto ? Certamente si.

Quello che precede è soltanto un esempio, che volutamente ho voluto farvi complesso, ma serve a ribadire il concetto che la corretta INSTALLAZIONE delle camere CCTV deve essere attentamente pianificata caso per caso, abbandonando da subito schemi prefissati, tanto banali quanto inefficaci. Non sarà il costo di due telecamere in più a farvi perdere un cliente! Lo perdereste certamente se, una volta installato e messo in azione il sistema di videosorveglianza, le immagini relative ad una intrusione fossero mancanti o del tutto inutilizzabili a causa di un' installazione che abbia privilegiato la velocità di messa in opera, oppure la sua più agevole realizzazione. Per non ripetere quanto, già dettovi, sulla qualità e tipo delle telecamere installate…

FATTORI CRITICI NELLE INSTALLAZIONI ESTERNE:

Ve ne segnali i principali, ma andranno valutati caso per caso. Purtroppo NON esistono due fattispecie esattamente uguali.

1. PRESENZA DI VEGETAZIONE. Quello che vedete nel sopralluogo iniziale non fornisce una "fotografia" delle reali condizioni della vegetazione durante tutto l'anno. Piante caducifoglie cambiano molto durante l'anno; in inverno lasciano vedere quanto basta attraverso la loro chioma spoglia, al contrario di quanto avviene durante la stagione di piena vegetazione. TENETENE CONTO !

2. LUCI, LAMPIONI, FARI - Visti di giorno non presentano alcun problema, ma di notte possono influenzare non poco la resa delle telecamere. Soprattutto quando puntano direttamente verso di esse, accecandole in tutto o in parte. Fate sempre un sopralluogo anche di notte, chiedendo al padrone di casa di accendere tutte le fonti di luce di cui dispone. ATTENZIONE PARTICOLARE AI FARI DELLE AUTO IN TRANSITO nel caso vi sia una strada adiacente la proprietà che volete controllare. Soprattutto al fine di utilizzare il MOTION DETECTION (rilevazione di movimento) perché ogni faro d'auto che butti

una lama di luce nella zona inquadrata farà scattare nel sistema un condizione di allarme da intrusione nella scena. QUASI SEMPRE si possono schermare adeguatamente e, comunque, per fortuna, è sempre possibile ridurre di molto l'effetto "allarme da faro d'auto" schermando elettronicamente (come vedremo dopo) tali sciabolate di luce. MA TENETELO BENE IN CONTO.

Attenzione: L'asfalto bagnato genera riflessioni anche molto lontane allorché vi transiti sopra un auto coi fari alti. Unica soluzione: la schermatura digitale da DVR (che vedremo dopo)

3. TROPPA DISTANZA tra le telecamere e l'unità centrale (DVR) di registrazione. NON SUPERATE, DI NORMA, i 100 metri di cavo tra telecamera e DVR, tenendo presente che dovrà necessariamente fare molte curve e salire e scendere lungo pareti verticali o pali di sostegno. Anche in questo caso, esistono dei rimedi (amplificatori di segnale), ma sono complicazioni che, potendolo, andrebbero evitate in fase di progettazione dell'impianto, cercando di accorciare al massimo la lunghezza del cavo (che porta sempre, ovviamente, una lieve perdita di segnale), magari cambiando la disposizione di una o più telecamere.

4. ATTENTI AL SOLE! Evitate, potendolo, di installare telecamere che puntino direttamente verso il sole nel suo percorso stagionale e diurno nel cielo. In linea di massima, mai verso Ovest in quanto, se nelle prime ore del mattino la registrazione effettuata col sole che sorge sarà, di solito, meno importante, altrettanto non si può dire con il sole al tramonto che, verso Ovest, potrebbe disturbare la telecamere ad esso rivolte fino alle 21,30 di sera (in estate) e quindi in orario, statisticamente

parlando, molto più a rischio. CHIEDETE AL PADRONE DI CASA in quale zona della proprietà ha sole diretto e per quanto tempo.

5. ZONE SOGGETTE a frequenti giornate di <u>NEBBIA</u>. Purtroppo la nebbia è grande nemica delle telecamere, soprattutto quelle piazzate più in alto e che debbano tenere sotto controllo una zona molto ampia. UNICO RIMEDIO: aggiungere telecamere più basse e meno distanziate tra loro.

6. SUPERFICI RIFLETTENTI: Attenzione particolare va posta nei casi di superfici e manufatti che riflettano (troppo) il sole o, più frequentemente, la luce proveniente da fari e lampioni durante la notte. Schermate tali superfici il più possibile. Potrebbero disturbare non poco la visione delle telecamere o fare scattare falsi allarmi. Anche qui la schermatura digitale (da DVR) è sempre possibile, ma, potendolo fare, schermate fisicamente il più possibile eventuali superfici riflettenti

7. VENTO FORTE: Per ultimo, fate particolare attenzione alle zone soggette a forte vento e/o con vegetazione o tendaggi che possano fluttuare facilmente all'interno delle zone inquadrate dalle telecamere. Potrebbero, infatti, venire interpretate dal sistema come motion detection (allarme da intrusione) e restituire un allarme da movimento alla centrale DVR. Alcuni tipi di vegetazione, come i salici piangenti, conifere e piante a portamento fusiforme, se costantemente fatte ondeggiare dal vento, potrebbero mascherare in parte zone interessanti della scena inquadrata. ATTENZIONE ANCHE ALLE TENDE. Tenete in conto tutto ciò .

INSTALLAZIONI ALL' INTERNO DI EDIFICI

Già prima di esaminare uno schema d'esempio, possiamo dire che, di solito, le installazioni interne sono più semplici da progettare e più agevoli da installare. A differenza degli spazi esterni, infatti, all'interno non ci sono problemi particolari di variazioni di scenario come quelle descritte nei sette punti visti sopra. Normalmente un ambiente interno verrà sorvegliato IN ASSENZA DI PERSONE AL SUO INTERNO e, già questo, semplifica le cose. Se qualcosa si muove in casa o in ufficio quando non dovrebbe trovarvisi alcuno, già una minima variazione della scena inquadrata ed un sistema di MOTION DE-TECTION (rilevazione di movimento) bene farà ad attivare una condizione di allarme, senza esitazione alcuna.

Anche ai fini dell'installazione delle telecamere, la cosa si fa certamente più semplice e senza grandi problemi. Un posizionamento in zone angolari ed il più in alto possibile è d'immediata comprensione e d'intuitiva progettazione. Tuttavia, è buona norma tenere presenti alcune particolarità, che richiedono soluzioni specifiche.

LE ZONE DI ACCESSO ORDINARIE come porte e scale che comunicano con l'esterno, dovranno essere monitorate da vicino e ben inquadrate. Anche in questo caso, badate bene, EVITANDO DI "RIPRENDERE IL LADRO DI SPALLE" sarà la migliore soluzione. Sembrerà banale, ma ho visto troppe telecamere interne poste proprio sopra la porta che devono controllare, e nemmeno puntate in basso.

LE ZONE DI ACCESSO FRAUDOLENTO come finestre, vetrate, vetrine andranno ugualmente monitorate, pur essendo sufficiente che l'intera parete che le contiene sia sotto l'occhio vigile di una telecamera.

Come già detto all'inizio, in ambienti interni potrete anche installare telecamere PT (pan - tilt) del tipo detto anche ROBO-CAM, ma con tutti i limiti che verranno spiegati più avanti.

SI INSTALLINO, PIUTTOSTO, TELECAMERE DOTATE DI VISIONE NOTTURNA, MEGLIO SE DOTATE DI ILLUMI-NATORI AD INFRAROSSI integrati, come, per nostra fortuna, lo sono la maggior parte di esse. Sono quelle illustrate nelle figure 6 ed 8

Ricordiamo che un'appartamento o ufficio disabitato, di norma, durante la notte sarà completamente al buio, e quindi la possibilità di illuminare la scena con i LED infrarossi di cui sono dotate le telecamere CTTV (quasi tutte ormai) è ESSEN-ZIALE.

Le telecamere INTERNE, infine, possono anche essere dotate di AUDIO, che si dimostra una buona caratteristica aggiuntiva di sicurezza. Quelle del tipo ROBOCAM ne dispongono, anche se costituiscono un sistema autonomo, NON integrabile facilmente con un NVR (sono telecamere IP con server autonomo integrato).

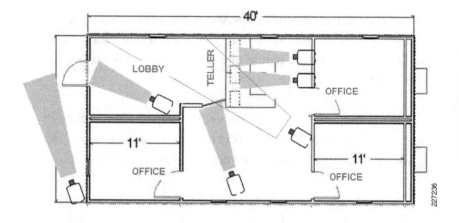

figura 17 - tipica installazione interna

TIPI DI COLLEGAMENTO TRA TELECAMERA E DVR

Ovviamente, per realizzare un impianto di videosorveglianza completo, è necessario collegare ciascuna telecamera al DVR (digital video recorder) che costituisce il cuore del sistema.

La connessione più ovvia (ma più sicura) avviene VIA CAVO.

Una telecamera CCTV, per poter funzionare, abbisogna di un' alimentazione (di solito 5 o 12 o 24 volt) e di un CAVO VIDEO che veicoli il segnale in uscita dalla stessa al DVR. L'alimentazione potrà provenire da un alimentatore posto nei pressi della telecamera mediante un cavo bipolare che la colleghi a questo, oppure potrà essere alimentata da una fonte di corrente continua che provenga dall'interno dello stabile ove verrà installato il DVR. In quest'ultimo caso, il percorso del cavo di alimentazione sarà più lungo, e quindi soggetto ad una maggiore attenuazione (perdita) di tensione lungo il percorso. Quale sia la miglior soluzione (alimentatore vicino ad ogni singola telecamera o vicino al DVR) è quasi impossibile da dirsi in assoluto. Dipende, soprattutto, dalla situazione di fatto dei luoghi che si devono controllare con l'impianto di videosorveglianza. Se vicino ad ogni singola telecamera possiamo facilmente collegare un alimentatore (di tipo standard, anche a spina) opteremo per questa soluzione, che perlomeno ha il vantaggio di rendere ogni singola camera più indipendente. Se si guasterà un'alimentatore, il pezzo più delicato (ma per fortuna meno costoso) dell'impianto, allora cambieremo solo quello.

In alcuni casi, invece, si opterà per fornire l'alimentazione ad ogni telecamera prelevandola da uno o più alimentatori posti all'interno dello stabile ove si trova il DVR.

IN LINEA DI MASSIMA, l'esperienza mi ha dimostrato che la soluzione ad alimentatori indipendenti, uno per ciascuna telecamera installata, è la migliore in termini di praticità e facile sostituzione dei pezzi eventualmente guastatisi.

Un solo alimentatore per tutte le telecamere è, invece, una scelta pericolosa: se si guasta l'alimentatore centrale SI SPENGONO TUTTE ASSIEME LE TELECAMERE.

NEL CASO l'alimentazione provenga dall'interno dello stabile sarà certamente più conveniente utilizzare un CAVO SPECIALE PER VIDEOSORVEGLIANZA, come quelli illustrati qui sotto, onde ridurre l'ingombro totale e non far passare troppi cavi nelle canaline.

Un cavo speciale per CCTV, infatti, riunisce in un'unica guaina il cavo coassiale schermato per il segnale video e quelli necessari all'alimentazione della telecamera.

Da quanto detto poc'anzi, comunque, deriva che se scegliamo di alimentare ogni telecamera autonomamente e prelevando la corrente da un alimentatore posto nelle vicinanze della stessa, basterà un normale cavo bipolare di alimentazione che dovrà avere la lunghezza necessaria a portare la tensione erogata dall'alimentatore alla camera, mentre quello che veicola il video (coassiale) dovrà necessariamente avere lunghezza sufficiente a portare il segnale video fino al DVR ed essere un cavo coassiale TV (a 75 Ohm)

figura 18- cavo speciale per CCTV

figura 19 - cavo speciale per CCTV - SPEED DOME - PTZ
(notare i due conduttori per il movimento della PTZ)

REGOLE GENERALI PER I CAVI CCTV

Non vogliamo, in questo manuale, fare un trattato di elettricità ed elettrotecnica generale, soprattutto perché questo libro si rivolge tanto a tecnici e/o persone già in possesso delle competenze specifiche necessarie a proposito di impianti elettrici, quanto a persone che vogliano realizzare autonomamente un impianto di videosorveglianza.Senza, dunque, troppo addentarci nei particolari tecnici e nelle formule, possiamo, tuttavia, indicare alcune SICURE NORME DI PRUDENZA ED OPPORTUNITA' da seguire per ottenere il massimo da un impianto CCTV.

1. Sia che scegliate cavi per l' alimentazione e per il segnale video separati, che nel caso optiate invece per cavi espressamente costruiti per le telecamere CCTV, SCEGLIETELI DI BUONA MARCA, magari scartando i più economici a priori. NE VA DELLA BONTA' DELLE IMMAGINI e del buon funzionamento dell'impianto. I CAVI VIDEO (se non già integrati nel cavo speciale) devono essere a 75 Ohm per uso televisivo ed a bassa attenuazione (meglio se per uso TV satellitare)

2. EVITATE LE LUNGHEZZE ECCESSIVE sia per alimentazione che per segnale video. STARE SEMPRE SOTTO I 100 METRI dovrebbe essere la regola.

3. Nel caso dobbiate percorrere coi cavi distanze superiori ai 70-80 metri adottate da subito degli AMPLIFICATORI DI SEGNALE specifici che si trovano facilmente in commercio e che si frappongono tra telecamera e DVR. Funzionano bene ed alcuni di essi permettono addirittura la trasmissione del segnale

video mediante un normale doppino telefonico, invece del cavo coassiale a 75 Ohm.

4. evitate curve strette nel percorso del cavo, che sfalsano l'impedenza nominale del cavo ed AGGIUNGONO ATTE-NUAZIONE allo stesso, con conseguente accorciamento della massima distanza percorribile senza perdita di qualità del segnale video.

5. In linea di massima, EVITATE DI FARE PASSARE CAVI CCTV assieme a cavi elettrici preesistenti all'interno degli stessi tubi flessibili o canaline. Se possibile, una linea dedicata è sempre la miglior soluzione, evitando il più possibile i tratti sotterranei della tratta, che richiederebbero schermature speciali onde evitare campi magnetici fonti di disturbo sulla linea.

6. NON FATE GIUNZIONI ai cavi CCTV ed ai cavi video separati (qualora abbiate scelto di usare quelli). Se non si può procedere altrimenti, USATE CONNETTORI della miglior qualità all'interno di SCATOLE DI DERIVAZIONE STAGNE.

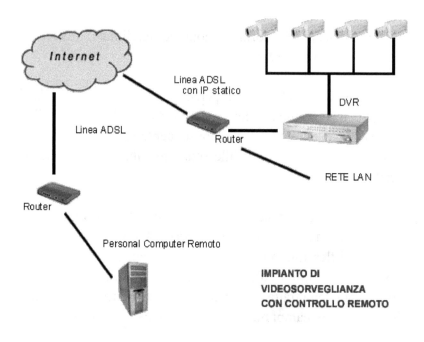

Internet

Linea ADSL
con IP statico

Linea ADSL

DVR

Router

RETE LAN

Router

Personal Computer Remoto

**IMPIANTO DI
VIDEOSORVEGLIANZA
CON CONTROLLO REMOTO**

fig. 20 - schema tipico di collegamento filare tra telecamere e
DVR con collegamento e controllo da remoto

Quello illustrato qui sopra è il più classico degli schemi di installazione di un impianto CCTV, realizzabile senza grandi
problemi tecnici ove si possa fare correre i cavi delle telecamere dal DVR all'esterno. Il router (o modem) ADSL servirà a
trasmettere le immagini a dispositivi remoti (pc, tablet, smartphones)

COLLEGAMENTI WIRELESS CON TELECAMERE IP
in WIFI (senza fili)

In certi casi, per fortuna limitati, la connessione tra telecamere e DVR non è realizzabile via cavo. Ma vi dico subito di studiare per bene la situazione e di cercare sempre di collegare VIA CAVO. Soltanto se il collegamento via cavo non sia davvero possibile, potrete optare (CON DETERMINATI LIMITI) ad un collegamento wireless, ossia TRASMETTENDO VIA WIFI il segnale video tra telecamera e DVR, sia utilizzando telecamere WIFI che telecamere collegate a normali ACCESS POINT WIFI.

PRIMO LIMITE

Le frequenze attualmente autorizzate in Italia per la trasmissione WIFI sono allocate a 2.4 Ghz, e, purtroppo, proprio in quella banda trasmettono TUTTI i modem e router dotati di WIFI, oltre che gli altri dispositivi wireless come gli smartphones e gli stessi PC. La conseguenza è un affollamento tale da rendere la banda 2.4 Ghz davvero strapicna. La possibilità di interferenze e malfunzionamento è dunque ALTA. Vi sono anche telecamere wireless che operano sulla frequenza dei 5 Ghz ma sono ancora in attesa di piena legalizzazione (che quando arriverà, peraltro, vedrà in breve tempo un grande affollamento anche di quella banda, dovuta alla migrazione di troppi dispositivi a 2.4 Ghz verso bande più "pulite").

SECONDO LIMITE

Alle frequenze altissime utilizzate per la trasmissione video senza fili è necessario che tra telecamere e DVR NON VI SIANO OSTACOLI, in quanto, le rispettive ANTENNE devono trovarsi in vista ottica per avere buone prestazioni (fatevi un'idea testando con il vostro telefonino quanto sia il raggio effettivo di azione della vostra rete WIFI, se ne disponete).

TERZO LIMITE

La distanza percorribile da un segnale video wireless prima di svanire nel nulla è, nella pratica, assai limitata (di solito poche decine di metri) e quindi è del tutto improbabile che una tratta troppo lunga per essere cablata via cavo possa essere coperta in wireless. Utilizzando antenne esterne, magari, qualcosina in più la otterrete, ma SCORDATEVI di percorrere lunghe distanze con le (misere) antenne di cui sono dotate le telecamere wireless e gli ACCESS POINT, se non in casi particolarissimi, in campo assolutamente aperto e privo di ostacoli e magari in cima ad una collina.

QUARTO LIMITE

Questa tecnologia presuppone che utilizziate un NVR (network video recorder) al posto di un normale DVR. Un NVR accetta in entrata cavi di rete. Se volete usare questo tipo di tecnologia, dovrete per forza avere un pc connesso ad un NVR ed alla ADSL, tramite uno switch (o HUB).

Lo schema è il seguente:

figura 21 - sistema con camere IP wifi
(immagine CCTV PROS)

Nello schema della figura 21 ogni telecamera, esterna o interna
che sia, è connessa ad un ACCESS POINT WIFI (che, in sostanza, trasmette il segnale video al router al quale è connesso
il NVR e riceve da questo i comandi) , ma esistono da poco in
commercio telecamere che tale dispositivo e l'antenna wifi li
hanno già incorporati (come quella della figura 10) ma la funzione è la medesima. Il segnale dalle telecamere wifi verrà ricevuto dal router wifi presso il NVR, al quale è collegato in
rete LAN.

Naturalmente, ogni IP CAM (telecamera IP) è dotata di un suo
indirizzo IP interno, che potrà essere modificato a piacere dal-
l'utente.

NOTA BENE: la tecnica del collegamento al DVR/NVR mediante IP CAM è possibile anche senza sfruttare opzioni WIFI. E' infatti possibile utilizzare delle telecamere IP sprovviste della funzionalità WIFI, sebbene, in tal caso, esse debbano essere collegate al NVR mediante un cavo di rete, che potrà fornire loro anche l'alimentazione tramite tecnologia POE (power over ethernet) ed un apposito alimentatore speciale.

Per dovere di completezza, devo segnalare l'esistenza di DVR IBRIDI (che sarebbe meglio definire DVR/NVR) ossia dispositivi che accettano tanto i segnali analogici da telecamere analogiche cablate, che segnali digitali provenienti da reti LAN (ossia da IP CAM cablate) e da WIFI IP CAM (tramite, in quello caso, un router wifi).

Mi rendo conto che sto confondendo le idee a buona parte dei lettori. Ma la materia delle reti informatiche è davvero complessa e forse anche per questo motivo SCONSIGLIO (almeno allo stato attuale della tecnologia disponibile) l'installazione di NVR, sia che vengano collegati ad IP CAM cablate che a WIFI IP CAM.

Diciamo ancora che, per adesso, le SPEED DOME (PTZ) via rete LAN (e dunque IP SPEED DOME) sono ancora allo stadio iniziale e non affidabili quali le IP CAM fisse.

Qualcuno potrebbe, a questo punto, obbiettare che, nel caso di IP CAM (collegate quindi via rete LAN), lo stesso NVR diventa opzionale, in quanto qualsiasi pc dotato di scheda di rete (tutti) può acquisire le loro immagini, registrarle ed immettere in rete. MA ATTENZIONE! Un pc si ferma e/o blocca esageratamente più spesso di quanto accada ad un DVR o NVR. <u>Bloc-</u><u>candosi il pc tutto il sistema TVCC si blocca</u>. Vi fidereste? In tantissimi anni non ho mai trovato un solo DVR bloccato, mentre di pc bloccati tutti noi ne vediamo tanti, e per i motivi più disparati. Ma si bloccano... eccome !

QUELLO CHE I VENDITORI DI SISTEMI LAN (telecamere IP ed NVR) NON VI DICONO QUASI MAI è che la rete sulla quale funzionano tali sistemi è LA VOSTRA, della quale il produttore delle IP CAM e dei NVR non sa nulla, come non sa nulla della bontà e funzionalità dei modem, routers , switches e hub che VOI aveste collegato alla stessa rete. Ogni problema della vostra rete, anche per cause del tutto esterne alla parte di essa che gestisce il sistema CCTV, riguarderà anche questo. Chi ha esperienza di reti LAN e WLAN sa che non sto facendo del terrorismo tecnologico. Le reti sono qualcosa di delicato.

Considerate, invece, LA SEMPLICITÀ di un "normale" DVR, che al suo interno ha un sistema LINUX che LAVORA SOLO PER ESSO. In qualsiasi PC, invece, il sistema operativo (windows, mac e pure linux che sia) deve SVOLGERE UN NU-MERO ENORME DI FUNZIONI del tutto estranee alla gestione del vostro impianto di videosorveglianza. Qualsiasi pc connesso in rete, può indurre in essa una quantità di problemi, col risultato di farla cadere anche per ore, finché qualcuno fisicamente non resetti il tutto. Avvisati ...

In materia di sicurezza, infatti, è buona norma PRIVILEGIA-RE i sistemi più SEMPLICI e collaudati.

SI PRENDA ESEMPIO DALLE INSTALLAZIONI SPAZIA-
LI O MILITARI, in cui soluzioni di semplicità circuitale, facile
manutenzione, affidabilità ampiamente dimostrata negli anni,
vengono preferite di gran lunga rispetto ad altre soluzioni tecniche, sulla carta più evolute e moderne, ma più problematiche
da gestire in pratica.

Non tutti sono pratici di reti LAN e WLAN e la programmazione di una serie di IP CAM e di un NVR è certamente
ESTREMAMENTE PIU' COMPLESSA di un affidabile DVR
al quale facciano capo delle telecamere cablate. Pensate a
quanto frequentemente "cade" una rete LAN, anche se ben rea-
lizzata. Va da sé che ad ogni caduta di rete, un sistema di videosorveglianza basato unicamente su telecamere IP e NVR
provocherà MANCANZA DI COLLEGAMENTO ESTERNO
e, talvolta, persino di registrazioni delle immagini. Mi si di-
mostri il contrario.

SCONSIGLIO quindi l'adozione di IP CAM in ambiti DO-
MESTICI, mentre, per fare un esempio facile, se l'azienda
presso cui dovrebbe essere installato un nuovo sistema di videosorveglianza, nel caso in cui la stessa azienda fosse dotata
di un un buon tecnico IT interno, che sappia subito dove mettere mano per possibili problemi di rete, utilizzare IP CAM invece che normali telecamere analogiche ed un NVR al posto di
un più semplice DVR potrebbe essere una soluzione praticabi-
le. Valutatelo per bene.

In buona sostanza, consiglierei la progettazione e l'installazione di un un sistema di rete (con IP CAM ed NVR) soltanto a
chi realmente sia esperto di RETI INFORMATICHE, mentre a
chiunque, anche mediante l'aiuto pratico di questo manuale, mi

sento di consigliare la progettazione e l'installazione di un sistema di videosorveglianza TRADIZIONALE, basato su una serie di (buone) telecamere analogiche e connesse mediante cavo ad un DVR altrettanto tradizionale (ma di buona qualità).

Ho progettato e gestito impianti di videosorveglianza che dopo una decina d'anni funzionano ancora perfettamente, con un minimo di manutenzione ordinaria. E' possibilissimo. Privilegiando soluzioni SEMPLICI ED AFFIDABILI difficilmente si sbaglia. Lasciamo le complicazioni inutili, i gadgets e le funzioni di pura cornice alle cose meno importanti rispetto alla SICUREZZA.

Un impianto di videosorveglianza è qualcosa di molto importante e non si può azzardare per il solo gusto di seguire l'ultima moda. Gli esperimenti sulla sicurezza lasciateli fare a casa degli altri o coi clienti degli altri. Ne guadagnerete in sicurezza vostra e rinomanza professionale quando le installate a terzi.

I SISTEMI AD CONVOGLIATE
(POWERLINE CAM - PLC)

Recentemente, sono comparsi sul mercato dei sistemi che si definiscono "ad onde convogliate" in quanto la comunicazione tra telecamere e DVR (o meglio, NVR) è basato sulla rete elettrica, che, in fatica, funge da vero e proprio cavo conduttore del segnale video. L'enorme vantaggio di questi sistemi è quello della semplicità e velocità d'installazione, in quanto non sarà necessario stendere antiestetici cavi coassiali o cavi di rete tra le telecamera ed il DVR , che verranno, invece, connessi direttamente alla rete elettrica della casa o azienda dove vengono installate. La qualità video è molto elevata (attualmente intorno ai 2 Megapixels) e la possibilità di spostare sia le cam che il NVR in un secondo momento è assicurata: basterà collegare le cam o il NVR ad altre prese elettriche disponibili.

In pratica si tratta di un sistema a telecamere IP (quindi digitali) ed un Network Video Recorder (NVR) deluso simili ad un normale sistema IP-BASED , e sarà soltanto il cavo LAN a non essere necessario, inn quanto sarà la stessa rete elettrica che alimenta le telecamere ed il DVR a fare da conduttore. Purtroppo, tuttavia, esistono alcune limitazioni; vediamole :

- Il sistema potrà soltanto essere collegato su impianto servito da un unico contatore ENEL , esistendo un'interruzione fisica della linea elettrica tra una rete e l'altra , anche all'interno della stessa unità abitativa , se dotata di più contatori.

- Attualmente (marzo 2017) il numero massimo di telecamere collegabili in PLC è pari a quattro e la risoluzione massima non supera i (già molti) 2 Megapixel ciò a causa dell'imponente flusso dati (video) che dovrà veicolare la rete elettrica, non specificamente progettata per tale scopo

- Trattandosi, in sostanza, di una sistema IP, ossia basato su rete ethernet LAN possono verificarsi saltuarie interruzioni o disconnessioni, specialmente se manca la corrente

E',comunque, un sistema molto interessante e certamente suscettibile di migliorie nel breve termine. Vedremo quali sviluppi tecnici ed in termini di prestazioni offrirà il mercato specifico.

NOTA SULLE TELECAMERE PT CON SERVER INTE-GRATO (figura 8)

Come già detto, le telecamere PT dette anche ROBOCAM, molto diffuse e di facile installazione, tuttavia NON POSSO-NO ESSER COLLEGATE (senza inutili artifizi) AD UN DVR o NVR perché NON NE ABBISOGNANO.

Il DVR, semplificando un po', è contenuto al loro interno e così il router di rete. Esse possono funzionare stand alone, semplicemente collegandole alla rete (anche in WIFI) ed auto-nomamente immetteranno in rete internet il flusso del loro video ripreso. Perfetto ... direte ! No. Al contrario, sono un ripiego, qualcosa di meno di un vero sistema tradizionale basato su telecamere, DVR e router per vedere le immagini in diretta tramite internet.

Questo tipo di telecamere ROBOCAM, intanto, abbisognano sempre di un PC (o smartphone e tablet) se volete vedere le immagini, indipendentemente che vi troviate a tre metri o a 30.000 km dalle telecamere .

Come vedremo meglio dopo, un DVR REGISTRA al suo interno (su hard disk o disco solido SSD) tutte le immagini provenienti dalle telecamere ad esse collegato. IL DVR, inoltre, veicola in rete, se collegato ad un normale router o modem ADSL, i flussi video in diretta, permettendone la visone e la registrazione da remoto. Ad un DVR NON DOVRETE PER FORZA COLLEGARE UN PC. Il pc potrà mancare del tutto. Non serve a niente. Ci pensa il DVR a fare tutto. Ed ogni DVR è dotato di uscita per un monitor ed almeno una presa usb per un mouse, in modo da poterlo gestire in ogni sua funzione senza aver bisogno di alcun pc collegato.

Le immagini provenienti da una ROBOCAM, invece, dovranno necessariamente venir registrate da un pc o tablet (di cui riempirebbe la memoria in un paio d'ore) e NON esiste la possibilità di collegare direttamente ad esse un monitor. Il controllo di una ROBOCAM avviene esclusivamente da remoto, via internet. Comodo per un lato (installazione semplice anche se con qualche incognita) ma <u>tremendamente scomodo per un uso professionale.</u>

Devo anche sottolineare che LA SICUREZZA delle camere ROBOCAM è assai meno alta. Si possono vedere anche da parte di hackers e malintenzionati di media capacità tecnica. Un DVR è molto, molto più sicuro. Non posso e non voglio dirvi oltre in termini di tecniche di intrusione informatica, ma fidatevi di me...

Limitate l'uso di telecamere del tipo ROBOCAM a brevi periodi di tempo e per installazioni provvisorie INTERNE in contesti A BASSO RISCHIO. Anche se hanno tutte un (modesto) sistema di audio bidirezionale che vi permette di ascoltare (qualcosa) di ciò che avviene nel locale dove sono installate e pure di parlare con chi si trova in tale ambiente. "BRUTTO LADRONE, TI HO VISTO SAI ? ". Fate voi. ma non pretendiate troppo da esse e non affidiate ad esse cose importanti. Per il prezzo fanno bene il loro dovere e NON ABBISOGNANO DI UN INDIRIZZO IP STATICO (come i DVR, se li volete vedere da remoto, come spiegheremo meglio oltre). Utilizzano infatti un server gratuito per i clienti di quelle marche di robo-cam. Che a volte è sovraccarico. Detto tutto.

NOTE SULLA CONNESSIONE ADSL AL QUALE COLLEGARE UN IMPIANTO CCTV

REQUISITI:

1. POSSEDERE UN CONTRATTO CON IP STATICO, se volete vedere le immagini da remoto. Diversamente, i pc, tablet e smartphones che vogliano collegarsi al DVR non saprebbero quale indirizzo IP "chiamare". I contratti per uso domestico (a differenza di quelli business) prevedono perlopiù un IP DINAMICO, che cambia ad ogni collegamento. Non è affidabile aggirare il problema con abbonamenti a servizi tipo Dyndns, che vi forniscono un IP statico virtuale. Un sano e normale IP STATICO è richiesto per interrogare un DVR da remoto. Parliamo di sicurezza.

2. AVERE QUANTA PIU' BANDA ADSL POSSIBILE. Più saranno le telecamere installate, tanta più banda ADSL consumeranno. Contratti ADSL da meno di 2-4 Mbps già con quattro telecamere installate potrebbero non restituirvi un video fluido e senza scatti. Ovviamente parlo della visione da remoto delle stesse CAM. METTETELO IN CONTO! Impensabile anche usare chiavette ADSL con funzionamento in GPRS, 3G, 4G , UMTS, che variano molto la banda disponibile a seconda del traffico di rete presente in quel momento nella zona servita e così via.

Piuttosto, in zone dove la connessione ADSL è lenta, valutate un CONTRATTO CON FORNITORE DI CONNESSIONE ADSL VIA WIFI O VIA SATELLITE. Funzionano bene e non costano una fortuna! Informatevi.

3. DEDICATE QUASI TUTTA LA BANDA ADSL DISPO-NIBILE ALLA VIDEOSORVEGLIANZA - Impensabile con-dividere le (esose) richieste di banda di un sistema CCTV con PC che già ne consumino troppa (ad esempio quando si scari-chino molti film, giocando online, collegandosi a Torrent o eMule ecc.) La videosorveglianza da remoto è qualcosa di FENOMENALE per utilità e sicurezza ma, come dicono i francesi "noblesse oblige" e non si può avere tutto !

4. Per risolvere eventuali problemi (se lievi) di connessione, ricordatevi che POTETE PROGRAMMARE DA DVR lo spe-gnimento e ri-accensione dello stesso ad una data ora ogni giorno (magari di giorno eh…). In meno di un minuto, a quel-l'ora esatta, il DVR si spegnerà per riaccendersi subito dopo, facendo così un bel reset di rete, che male non fa mai.

Proseguiamo con pazienza (la materia è complessa, ma procedendo per passi tutto risulterà chiaro, alla fine)

IL DVR (digital video recorder)

figura 22- un tipico DVR moderno

Un DVR è molto di più di un Digital Video Recorder, come dice il suo nome. E' IL CUORE di tutto il sistema di videosorveglianza e, come tale, dovrà essere scelto con attenzione.

Più che descrivervi le funzioni del pannello anteriore della figura 21, che si riferiscono alla gestione dei suoi menu operativi, capirete meglio come funziona se ne descriviamo le connessioni posteriori. Eccolo:

figura 23 - parte posteriore di un tipico DVR a quattro canali

esaminiamolo attentamente, partendo da sinistra verso destra:

i primi quattro connettori racchiusi in un quadrato indicano "VIDEO IN " - SONO GLI INGRESSI del segnale VIDEO proveniente dalle 4 telecamere analogiche alle quali possiamo collegarlo. I connettori che vedete sono dei BNC femmina ed i cavi dalle telecamere dovranno essere, di conseguenza, intestati con connettori BNC maschio.

proseguendo verso destra vediamo due BNC sovrapposti racchiusi in un rettangolo recante OUT - Sono uscite (che userete quasi mai) del segnale video per vedere direttamente su un monitor diverso solo quei canali o per inviare quei soli due canali ad altri dispositivi.

troviamo, poi due prese audio RCA (una rossa ed una bianca) sovrapposte con la dicitura AUDIO IN . In teoria servirebbero a collegare uno o due segnali audio in entrata. Funzione quasi inutile: intanto perchè NON potete collegarvi direttamente dei microfoni, essendo invece richiesti segnali già amplificati, ma soprattutto perché l'audio che voleste aggiungere ad uno o due canali consumerebbe tanta banda ADSL da rendere troppo lente le immagini viste da remoto. Purtroppo in Italia la banda ADSL disponibile è alquanto bassa. Chi avesse una connessione in fibra ottica con almeno 100 Mbps potrebbe anche provare ad aggiungere UNA entrata audio, ma in tutti gli altri casi è funzione INUTILE.

dopo le prese audio , andando verso destra troviamo:

una presa per monitor VGA: ad essa collegherete un monitor per la visione diretta delle immagini e la programmazione del DVR. In alcuni modelli trovate anche una presa HDMI. Ha lo stesso uso, se il monitor prevede entra HDMI.

una presa di rete LAN standard: ad esso collegherete il cavo che, a sua volta, collegherà il DVR al modem o router connesso alla rete ADSL. Tramite questa presa il DVR permetterà la visione delle immagini da remoto.

due prese usb sovrapposte: ad una collegherete un mouse, all'altra potete collegare una tastiera (opzionale ma non necessaria come il mouse)

due connettori verdi con clips a vite: servono a collegare il comando RS485 a due fili per brandeggiare le telecamere SPEED DOME (PTZ) che eventualmente aveste installato. Nota bene: a questa presa potete collegare fino a 4 telecamere PTZ muovendole dal DVR (col mouse o con tasti direzionali frontali) ciascuna separatamente. Basterà assegnare ad ogni PTZ un numero ID diverso, in fase di programmazione del DVR.

un connettore femmina di alimentazione: ad esso collegherete l'alimentatore del DVR che vi viene dato in dotazione

Un pulsante ON - OFF - accende e spegne il DVR

Visto che, guardandolo da dietro vi si stanno chiarendo le idee? Non è difficile, basta capire bene come funziona un DVR e, probabilmente, lo state apprendendo passo - passo. Bene.

Come si presenta una schermata tipica di un DVR ? Così :

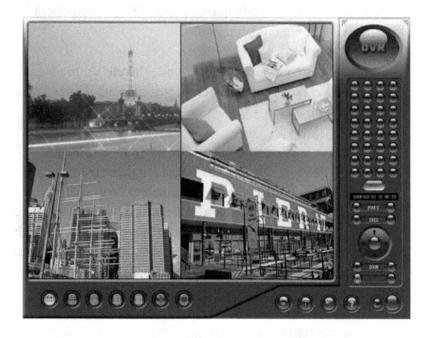

figura 24 - schermata operativa standard di un DVR

Guardando la figura 24 capirete subito che il software del DVR permette la visione contemporanea di tutte le immagini presenti sui canali in entrata (in questo caso, quattro, ma esistono DVR fino a 48 canali in entrata).

NOTA BENE: sul DVR NON dovrete caricare alcun software. Il software per funzionare è già integrato (embedded) nel DVR e si lancia automaticamente all'accensione dello stesso. Comodo, no ?

Vediamo dunque le **principali funzioni di un DVR,** ossia quello che vi permette di fare e su quali parametri potrete intervenire. Sono, ovviamente, menu che variano da marca a marca e da modello a modello, per cui le singole funzioni le troverete nel manuale (di solito molto dettagliato) del DVR stesso. Qui vi descriverò le funzioni PRINCIPALI di un DVR, quelle che troverete proprio su tutti i tipi e modelli.

DAL MENU DEL DVR (agendo col mouse) potrete:

- scegliere quante CAM volete vedere, potendo metterle tutte assieme, o una sola, o ancora alcune a schermo più ampio ed altre a dimensione più piccola. Avete una scelta enorme. A voi trovare la migliore caso per caso

- programmare gli orari di registrazione, che vanno dalla registrazione continua H24 ad intervalli di tempo (anche separatamente per ogni CAM)

- programmare il **MOTION DETECTION**, camera per camera, ossia con quale sensibilità il DVR dovrà mettersi in ALLARME se qualcosa nella zona inquadrata cambia all'improvviso, come nel caso di un persona che entra nella zona inquadrata. E' UNA FUNZIONE ESSENZIALE DEL SISTEMA DI VIDEOSORVEGLIANZA . Vediamola meglio:

Il DVR raffronta di continuo le immagini provenienti da ogni singolo canale. Se qualcosa nella "scena" inquadrata cambia all'improvviso (ma non altrettanto se si muovono lentamente le ombre col sole o diventa buio gradualmente) si verifica un MD (motion detection, ossia una rilevazione di movimento). A questo MD potrete stabilire una condizione di allarme, con ampia scelta di sensibilità, orari, parti specifiche della zona ripresa dalla CAM da includere o escludere dall'area MD) in modo che il DVR dichiari (tecnicamente scatti un TRIGGER) lo stato di allarme, al che il DVR , a vostra scelta, potrà:

a) emettere un beep ed indicare un segnale di allarme a video
b) farvi vedere in sovrimpressione colorata quale parte del video di quel canale è cambiata
c) mandare una sms o una email ad un numero pre-impostato, con un messaggio di allarme MD allegando il fotogramma che ha fatto scattare l'allarme MD
d) fare scattare allarmi o accendere fari (se il DVR è dotato di questa opzione avanzata)
e) puntare automaticamente telecamere Speed Dome (PTZ) verso la zona in cui è scattato l'allarme

SONO, QUESTE ULTIME, FUNZIONI POTENTISSIME, che possono benissimo funzionare da antifurto ed anti-intrusione se ben programmate (lo vedremo oltre)

Proseguendo nell'esame delle funzioni programmabili di un DVR potrete anche:

- immettere i settaggi per la trasmissione video via internet, consentendo anche di controllare da remoto TUTTE, dico.. TUTTE le funzioni di cui potete disporre dal DVR stesso.

- gestire le registrazioni effettuate, potendo quindi rivedere le registrazioni sui vari canali video in intervalli di tempo precisi da voi richiesti e potendone estrarre copia ad esempio su una chiavetta usb, e tutto ciò senza interrompere la registrazione in corso

- MUOVERE DIRETTAMENTE LE TELECAMERE PTZ (o Speed Dome) sia mediante il mouse che mediante tasti direzionali sul DVR, effettuando altresì zoomate a vostro piacimento

- impostare percorsi di RONDA, ovvero spostamenti pre-registrati delle telecamere PTZ, in modo che queste si muovano di continuo lungo un dato percorso e consentendo la visione di una vera e propria ronda video

- pre-impostare delle posizioni e zoomate specifiche (PRE-SET) per le telecamere PTZ per poter rapidamente richiamare una data inquadratura operativa, dando loro un numero o un nome. La PTZ a cui voi avrete richiesto un preset andrà molto velocemente (un secondo, di solito) in quella data posizione e farà esattamente lo stesso zoom che avevate memorizzato

Queste le funzioni ed i comandi principalmente usati in videosorveglianza, ma ve ne sono decine che non possiamo descrivere qui per esigenze di spazio. Leggete attentamente i manuali operativi delle PTZ e del DVR.

UN DVR CONTIENE SEMPRE UN DISCO DI MEMORIA (hard disk HDD o a stato solido SSD), che di norma dovete acquistare a parte e la cui installazione è talmente semplice da essere alla portata di un bambino. Quattro viti, due spinotti da collegare e via.

ATTENZIONE: NON SERVONO DISCHI RIGIDI DALLE DIMENSIONI ENORMI!

Un sistema a 8 canali con registrazione H24 di tutte le CAM, con un disco da 500 Gb consente di registrare in alta risoluzione PER OLTRE UN MESE, ossia ben oltre quanto realmente serva, essendo dotati i DVR di un sistema di registrazione FIFO (first in first out) per cui, quando il disco è pieno iniziano a cancellare i file più vecchi. ATTENZIONE AI LIMITI DI LEGGE PER LA REGISTRAZIONE IN LOCALI O SPAZI PUBBLICI (vedasi la parte sulla normativa)

FORMATI VIDEO SUPPORTATI DAI DVR

Attualmente, un BUON DVR dovrebbe consentire la registrazione di video che abbiano, almeno, le seguenti caratteristiche,
tenendo presente che, per questioni di banda massima ADSL
disponibile in pratica, non sarà sempre possibile tenere tutte le
CAM alla massima risoluzione possibile. E' comunque possibile settare dal DVR stesso a quale risoluzione deva essere registrata ogni singola telecamera, combinandole tra loro per
sfruttare al meglio la banda disponibile mantenendo l'alta qualità video.

FORMATI VIDEO CCTV ATTUALMENTE IN USO

QUESTI (e solo questi) i valori standard di risoluzione video
che dovrete considerare per scegliere una telecamera :

FULL HD (1080P) (1920x1080 pixel) - risoluzione massima
ottenibile attualmente da una telecamera CCTV di alta gamma
- consigliatissimo !

HD (720P) (1280x720 pixel) - risoluzione alta, tipica della Telecamere CCTV di gamma medio-alta

D1 (576i - 576P) (720 x 576 pixel) - risoluzione standard di
una telecamera CCTV di gamma bassa (consumer)

Alcuni produttori preferiscono, invece, indicare la risoluzione
delle telecamere CCTV che vendono utilizzando un diverso
parametro: le LINEE TV (TVL television lines). Qui, il discor-
so tecnico si complica, e preferiamo sorvolare per esigenze di

praticità d'uso di questo manuale. SI TENGA PRESENTE, IN PROPOSITO che lo standard televisivo PAL (usato in Italia ed in molti altri paesi europei) corrisponde a 625 TVL. Valori superiori a questo, indicheranno una telecamera ad alta risoluzione.

Per non confonderci troppo le idee su questi dati tecnici, vi dico soltanto che nei DVR troverete una sigla che identifica il protocollo di compressione video che lo stesso DVR utilizza al suo interno per comprimere al massimo le immagini (per alleggerirne al massimo il "peso" in ordina alla banda occupata nella loro trasmissione via internet) - IL PROTOCOLLO ATTUALMENTE PIU' DIFFUSO ED AFFIDABILE E' H264

Ci basti ricordare che il protocollo H264 permette di registrare e diffondere in rete video in HD, occupando (su disco e in termini di banda da trasmettere) la metà dello spazio rispetto allo standard MPEG2 (usato nei normali DVD) .

In altre parole, se il DVR o NVR consente il protocollo H264 andrà più che bene per uso di videosorveglianza

Attenzione: Le risoluzioni cui sopra sono indicative, benché in commercio si trovino telecamere CCTV con una risoluzione DICHIARATA anche superiore alla FULL HD (oppure indicata in pixel totali : 4 mega pixels ed oltre). NON DATEVI PENA. Cercate quelle che dichiarano una risoluzione standard tra quelle indicatevi sopra.

Nota personale dell'autore in materia di tabelle, dati tecnici ecc.

In tanti anni di esperienza specifica nel settore, ho potuto riscontrare che LA MIGLIOR PROVA di un sistema di videosorveglianza rimane quella della VISIONE diretta delle immagini in real time sul monitor (ANCHE DA REMOTO) e, soprattutto, la qualità del playback delle stesse quando rivedete le stesse registrate in precedenza. PUNTO. Il resto è molto spesso accademia e sterile dibattito tra produttori, rivenditori, installatori e persino ragazzini saccenti che riempiono i forum dedicati alla TVCC con le loro personali considerazioni tecniche, perlopiù sbagliate. LA MAGGIOR PARTE DEI TEORICI DEL PIXEL IN PIU' O DELL'IMMAGINE "PERFETTA" non ha mai installato un solo impianto di videosorveglianza e molti di loro NON NE HANNO MAI VISTO UNO DA VICINO ! Attenzione, quindi, a non farvi imbambolare da sequenze di dati numerici da calcolatrice alla mano, o da discorsi troppo teorici di cui trovate amplissimi esempi su internet! Quello che conta davvero è UN BUON EQUILIBRIO tra gli elementi dell'intero sistema TVCC, dove BUONE telecamere (puntate BENE) mandano BENE il loro segnale video ad un BUON DVR (o NVR che sia) .

Lo ripeto: ho personalmente a che fare con alcuni impianti di videosorveglianza anche vecchiotti che LAVORANO BENISSIMO ANCORA OGGI, ossia, ASSOLVONO BENISSIMO IL LORO COMPITO. Questo conta, parlando di sicurezza: DOBBIAMO AVERE IMMAGINI BUONE in tutte le condizioni d'uso.

CONNESSIONE REMOTA AL DVR TRAMITE SMART-PHONES E TABLETS

Quasi tutti i DVR basati sul protocollo di compressione H264 consentono di collegarsi ad essi da remoto (oltre che, ovviamente, da un PC) anche da dispositivi mobili quali smartphones e tablet. Tutto dipende dalla disponibilità di un apposito software (APP) che il produttore del DVR abbia creato e messo gratuitamente a disposizione dei loro clienti. Funzionano abbastanza bene, e molti di loro permettono anche il brandeggio remoto delle telecamere PTZ muovendo un dito sullo schermo del telefonino, proprio sopra all'immagine, con possibilità anche di zoom. Molto comodi per "dare velocemente un'occhiata" da remoto al sistema di videosorveglianza installato. Anche per le marche di DVR che non abbiano sviluppato APP apposite, comunque, è possibile aggiungere questa utilità cercando un po' sugli store dei dispositivi mobili. Ne esistono, in questo caso a pagamento, di pressoché universali.

POSSIBILI INTERAZIONI CON IMPIANTI ANTIFUR-TO, FARI , SIRENE ESTERNE ECC.

I DVR (ed NVR) più sofisticati possiedono nel lato posteriore dei contatti (sia del tipo NO - normalmente aperto - che NC - normalmente chiuso) che permettono una buona interazione del DVR con impianti antifurto e/o fari o sirene che possono venire attivati allorché il DVR vada in modalità di allarme da MOTION DETECTION. Per quanto, personalmente SCONSIGLI di collegare un antifurto al sistema CCTV , onde evitare falsi allarmi magari per la semplice intrusione di un gatto nel vostro giardino, talvolta ho potuto apprezzare l'accensione automatica di un faro, comandata dal DVR, all'approssimarsi di una persona nella zona inquadrata dalla telecamera . Oltretutto, la zona inquadrata viene illuminata a giorno e la ripresa video ne giova assai. Il collegamento è semplice, benché per apparati che consumino molta corrente (come i fari alogeni) sarà necessario aggiungere un relais di potenza a quello integrato nel contatto del DVR, che potrà, invece, agevolmente pilotare direttamente l'accensione di un moderno faretto a LED.

E' anche possibile collegare il DVR ad un altro, separato, contatto opzionale, a volte presente in esso, che faccia il lavoro inverso, ossia faccia partire una determinata registrazione in caso si chiuda un contatto esterno (ad esempio quello un sensore volumetrico PIR) . Potrebbe essere utile.

TENETE, COMUNQUE, SEMPRE PRESENTE che un buon sistema CCTV deve necessariamente funzionare H24 (giorno e notte) e la registrazione deve essere CONTINUA. Del tutto inutili le funzioni di attivazione della registrazione soltanto in caso di rilevazione di movimento che troverete in ogni DVR. Fateli registrare sempre, giorno e notte. Non ve ne pentirete.

Ed arriviamo così, parlando di questi aspetti ,ad una domanda FONDAMENTALE in materia di videosorveglianza e di antifurto, che vi sarete posti certamente e certamente vi porranno i vostri clienti:

UN SISTEMA DI VIDEOSORVEGLIANZA PUO' SO-STITUIRE UN IMPIANTO ANTIFURTO ?

La risposta non è semplicissima né scontata. Diciamo subito che un buon sistema CCTV, dal punto di vista della sua ELU-DIBILITA' è quasi perfetto. E', nella pratica, IMPOSSIBILE avvicinarsi a delle telecamere ACCESE e FUNZIONANTI senza venire visti e registrati. Al contrario, sappiamo che anche i migliori sensori per antifurto, in qualche modo, possono veni-re aggirati, soprattutto da malviventi tecnicamente preparati (e ce ne sono molti più di quanto pensiate…).

Nel momento stesso in cui vi avvicinate ad una telecamera fa-cente parte di un sistema di videosorveglianza GENERATE SUBITO UN ALLARME DA MOTION DETECTION. Se an-che voleste (e poteste) romperla o asportarla, fareste ancora peggio, in quanto vi dovreste avvicinare tanto da essere ripresi bene in volto e, comunque, le altre continuerebbero a lavorare regolarmente. MA, SOPRATTUTTO generereste uno SPECI-FICO ALLARME DA MANOMISSIONE (che viene conside-rato prioritario dal DVR). Allo stesso modo in cui qualcuno OSCURASSE UNA TELECAMERA, magari ricoprendola con un telo, la manderebbe immediatamente in condizione AL-LARME DA OSCURAMENTO, altrettanto prioritario per un buon DVR.

Da questo punto di vista , un impianto CCTV fatto bene è mol-to più efficace di un antifurto, ma LA SOLUZIONE IDEALE è sempre quella di installare ENTRAMBI. Ove serve un anti-furto, serve pure un impianto TVCC e viceversa.

LA PROGETTAZIONE DI UN IMPIANTO TVCC

Un sistema di videosorveglianza che si rispetti non s'improvvisa. Purtroppo molte persone vedono (magari sul web) un bel KIT COMPLETO e che costa poco (di solito una serie di telecamere tutte uguali ed un DVR con numero di canali in entrata pari alle telecamere del KIT). Oddio... alcuni di questi KIT sono pure abbastanza buoni e non sono soldi buttati via, a patto che non prendiate quelli troppo, troppo economici.

MA QUELLO CHE NON VA BENE E' IL CONCETTO DI BASE: non è mai SICURO E CONVENIENTE decidere a priori che installerete TOT telecamere perché tante ne avete nel KIT, prima ancora di essersi chiesti DOVE VOLETE INSTALLARLE E DI QUALE TIPO.

Un scelta frettolosa dei componenti l'impianto CCTV porta spesso a SPENDERE MALE I PROPRI SOLDI, magari ritrovandosi tutti i canali del DVR occupati quando una sola telecamera in più vi permetterebbe di vedere TUTTO ciò che volevate vedere. Tenete a mente che i canali disponibili nei DVR vanno di quattro in quattro (con alcuni salti), per cui non troverete un DVR a 5 canali né uno da 14 canali; o lo prendete da 8 o da 16 canali, anche se ve ne servono (al momento) meno.

UNA REGOLA SEMPRE VALIDA è disporre sul DVR con un numero di canali lievemente superiore a quanti ne utilizzate subito. Potreste avere bisogno in futuro di altre telecamere e non avere più canali liberi sul DVR.

MA COME FACCIAMO A SAPERE CON CERTEZZA DI QUANTE TELECAMERE ABBIAMO BISOGNO IN QUEL CASO SPECIFICO? Semplice: con un SOPRALLUOGO ATTENTO e ben documentato.

IL SOPRALLUOGO

Non limitatevi ad utilizzare una mappa o una stampata di ripresa satellitare (Google Earth ad es.). Questo serve certamente in un momento successivo, ma prima…

ANDATE DIRETTAMENTE SUL LUOGO ove volete installare il sistema CCTV ed ivi:

- guardate bene "cosa si vede" da ogni possibile punto di fissaggio di ogni singola CAM. Un occhio molto esperto saprà già che tipo di telecamera utilizzare per ogni punto di osservazione, ma, comunque, NON limitatevi a guardare dal basso. Se potete, portate i vostri occhi alla medesima altezza in cui dovrà essere fissata in modo sicuro e stabile ogni singola CAM. E' il sistema migliore, credete. E spesso vi farà risparmiare ri-posizionamenti futuri delle stesse CAM.

- Misurate la distanza esatta che i cavi dovranno percorrere per arrivare al DVR, già tenendo conto di curve, passaggi obbligati ecc.

- pensate già da subito a quali sostegni (pali, staffe, sbarre) dovranno ospitare ogni CAM e prendetene accurata nota.

- Decidete da subito in quale stanza dell'edificio dovrà essere posto il DVR. Tenete già conto degli eventuali buchi nel muro e del percorso che dovrete realizzare e canalizzare per fare entrare i cavi dalle telecamere. Misurate la lunghezza effettiva dei cavi da quel punto esatto.

- CERCATE SUBITO L'ALIMENTAZIONE PER LE TELE-CAMERE ! Alcune di esse, una volta stabilito dove metterle, potrebbero avere una comoda fonte di alimentazione autonoma. Prendetene nota subito.

- TENETE CONTO DI VEGETAZIONE E PERCORSO DEL SOLE !

- Scattate tutte le foto che servono, soprattutto quelle scattate dal punto esatto ove fisserete le CAM, se riuscite.

- A voler proprio far bene, SAREBBE OTTIMO tornare sul luogo anche di notte !

Sarà quindi meglio se con voi, in fase di sopralluogo, porterete anche ROTELLA METRICA, BUSSOLA, MACCHINA FO-TOGRAFICA.

Giunti nel vostro ufficio, potrete poi integrare le mappe e le riprese satellitari con i dati raccolti nel sopralluogo e procedere ad un progettazione che possa permettere l'installazione migliore.

SAREBBE DUNQUE BENE decidere il numero e tipo di tele-camere da installare solo a sopralluogo effettuato.

CONSIGLI PRATICI IN FASE DI INSTALLAZIONE DELL'IMPIANTO:

fate attenzione a :

1. PALI CHE OSCILLANO AL VENTO. Anche una minima oscillazione compromette di parecchio le immagini. Provvedete subito.

2. LUCI E LAMPIONI DA SCHERMARE . Fatelo subito.

3. VITI DI FISSAGGIO DA INGRASSARE. Incredibile: anche le migliori telecamere spesso hanno viti di fissaggio (snodi, cupola trasparente ecc) NON di acciaio inox. Nel caso, ingrassatele subito per bene o proteggetele col mastice apposito. Non diventerete matti dopo, in fase di manutenzione.

4. CAVI con percorsi (anche brevi) in piena luce/pioggia/ghiaccio/sole . Proteggeteli adeguatamente subito.

5. Alimentatori in scatole stagne troppo piccole e/o senza la minima aerazione. In piena estate scalderanno troppo e si guasteranno facilmente. Praticate fori di aerazione protetti da pioggia e neve.

6. MESSA A TERRA DELL'IMPIANTO ESTERNO. Più che raccomandata ma ATTENZIONE AI GROUND LOOP (circuiti di terra chiusi) - Se non siete molto pratici di questa cosa,

fatevi spiegare dall'elettricista come fare correttamente la messa a terra dell'impianto (o lasciatela fare a lui !)

IL MONITOR

ATTENZIONE alla qualità dei monitor installati accanto ai DVR ed a quelli che utilizzerete per la visione da remoto di un sistema di videosorveglianza.

C'è una GRANDE DIFFERENZA tra un monitor di bassa qualità ed uno di buona qualità (che, oltretutto starà acceso sempre) - MAI RISPARMIARE SU QUESTO , ESSENZIALE COMPONENTE della catena CCTV.

Particolari importanti della scena ripresa devono essere molto chiari, visti sul monitor, sia che stiate guardando in diretta le immagini, sia che stiate rivedendo files registrati dal sistema.

Essendo l' ANELLO FINALE DEL SISTEMA , un monitor scadente potrebbe farvi perdere buona parte della qualità ottica delle telecamere !

PARTE SECONDA

ASPETTI LEGALI

Siamo giunti, dunque, pressoché alla fine del nostro viaggio, almeno per quanto riguarda il lato tecnico e logistico. Restano da esaminare gli aspetti legali e regolamentari di questa materia, per potersi dotare di un SERVIZIO di SICUREZZA che risponda alla normativa vigente e che non sia, al contrario, fonte di possibili noie con la legge. La materia è estremamente complessa e le casistiche molto differenziate, per cui bisogna PRESTARE MOLTA ATTENZIONE alle norme di legge che regolano la materia. E' assai diffusa , purtroppo, una disinformazione generale sulla materia. Spesso si ritiene di NON POTERE LEGALMENTE INSTALLARE UN IMPIANTO DI VIDEOSORVEGLIANZA , sbagliando.

Un sistema di videosorveglianza, infatti è SEMPRE installabile OVUNQUE NON SIA ESPRESSAMENTE VIETATO DALLA LEGGE. Basterà rispettare le norme generali e le avvertenze che sono state previste per i casi più delicati (ad es. in materia di controllo visivo dei lavoratori).

Di seguito troverete una guida alle principali norme del settore.

NORME ESSENZIALI DELL'AUTORITA' GARANTE DELLA PRIVACY IN MATERIA DI VIDEOSORVEGLIANZA

PRINCIPI GENERALI

-informativa-

- I cittadini che transitano in aree sorvegliate devono essere informati con cartelli, visibili al buio se il sistema di video-sorveglianza è attivo in orario notturno.

- I sistemi di videosorveglianza installati da soggetti pubblici e privati (esercizi commerciali, banche, aziende ctc.) collegati alle forze di polizia richiedono uno specifico cartello informa-tivo, **sulla base del modello elaborato dal Garante.**

- Le telecamere istallate a fini di tutela dell'ordine e della sicurezza pubblica non devono essere segnalate, ma il Garante auspica l'utilizzo di cartelli che informino i cittadini.

(modello approvato)

-conservazione-

- Le immagini registrate possono essere conservate per periodo limitato e fino ad un massimo di 24 ore, fatte salve speciali esigenze di ulteriore conservazione in relazione a indagini di polizia e giudiziarie.

- Per attività particolarmente rischiose (es. banche) è ammesso un tempo più ampio, che non può superare comunque la settimana.
- Eventuali esigenze di allungamento della conservazone devono essere sottoposte a verifica preliminare del Garante.

SISTEMI DI VIDEOSORVEGLIANZA
Settori DI PARTICOLARE INTERESSE

- **Sicurezza urbana:** i Comuni che installano telecamere per fini di sicurezza urbana hanno l'obbligo di mettere cartelli che ne segnalino la presenza, salvo che le attività di videosorveglianza siano riconducibili a tutela della sicurezza pubblica, prevenzione, accertamento o repressione dei reati. La conservazione dei dati non può superare i 7 giorni, fatte salve speciali esigenze.

- **Sistemi integrati:** per i sistemi che collegano telecamere tra soggetti diversi, sia pubblici che privati, o che consentono la fornitura di servizi di videosorveglianza "in remoto" da parte di società specializzate (es. società di vigilanza, Internet providers) mediante collegamento telematico ad un unico centro, sono obbligatorie specifiche misure di sicurezza (es. contro accessi abusivi alle immagini). Per alcuni sistemi è comunque necessaria la verifica preliminare del Garante.

- **Sistemi intelligenti:** per i sistemi dotati di software che permettono l'associazione di immagini a dati biometrici (es. "riconoscimento facciale") o in grado, ad esempio, di riprendere e registrare automaticamente comportamenti o eventi anomali e segnalarli (es. motion detection) è obbligatoria la verifica preliminare del Garante.

- **Violazioni al codice della strada:** obbligatori i cartelli che segnalano sistemi elettronici di rilevamento delle infrazioni. Le telecamere devono riprendere solo la targa del veicolo (non quindi conducente, passeggeri, eventuali pedoni). Le fotografie o i video che attestano l'infrazione non devono essere inviati al domicilio dell'intestatario del veicolo.

- **Deposito rifiuti**: lecito l'utilizzo di telecamere per controlla-re discariche di sostanze pericolose ed "eco piazzole", per monitorare modalità del loro uso, tipologia dei rifiuti scarica-ti e orario di deposito.

SETTORI SPECIFICI

- **Luoghi di lavoro:** le telecamere possono essere installate solo nel rispetto delle norme in materia di lavoro. Vietato co-munque il controllo a distanza dei lavoratori, sia all'interno degli edifici, sia in altri luoghi di prestazione del lavoro (es. cantieri, veicoli).
- **Ospedali e luoghi di cura**: no alla diffusione di immagini di persone malate mediante monitor quando questi sono collocati in locali accessibili al pubblico. E' ammesso, nei casi indispen-sabili, il monitoraggio da parte del personale sanitario dei pa-zienti ricoverati in particolari reparti (es. rianimazione), ma l'accesso alle immagini deve essere consentito solo al persona-le autorizzato e ai familiari dei ricoverati.
- **Istituti scolastici:** ammessa l'installazione di sistemi di vi-deosorveglianza per la tutela contro gli atti vandalici, con riprese delimitate alle sole aree interessate e solo negli orari di chiusura.
- **Taxi:** le telecamere non devono riprendere in modo stabile la postazione di guida e la loro presenza deve essere segnala-ta con appositi contrassegni.
- **Trasporto pubblico**: lecita l'installazione su mezzi di tra-sporto pubblico e presso le fermate, ma rispettando limiti pre-cisi (es. angolo visuale circoscritto, riprese senza l'uso di zoom).

- **Webcam a scopo turistico**: la ripresa delle immagini deve avvenire con modalità che non rendano identificabili le persone.

- **Tutela delle persone** e della proprietà: contro possibili aggressioni, furti, rapine, danneggiamenti, atti di vandalismo, prevenzione incendi, sicurezza del lavoro ecc., si possono installare telecamere senza il consenso dei soggetti ripresi, ma sempre sulla base delle prescrizioni indicate dal Garante.

Per un quadro completo sul corretto impiego dei sistemi di videosorveglianza, è possibile:
consultare il sito Internet del Garante per la protezione dei dati personali http://www.garanteprivacy.it che, nell'indice per materia,
ospita una sezione dedicata al tema videosorveglianza oppure contattare l'URP del Garante: urp@garanteprivacy.it

DAL SITO UFFICIALE
ARMA DEI CARABINIERI 2017:

La videosorveglianza

L'attività di videosorveglianza è particolarmente invasiva. Per questo motivo il Garante per la Privacy ha fissato alcuni principi che devono essere sempre rispettati.

Principio di liceità: La videosorveglianza deve avvenire nel rispetto, oltre che della disciplina in materia di protezione dei dati personali, di quanto prescritto da altre disposizioni di legge da osservare in caso di installazione di apparecchi audiovisivi.
Principio di necessità: va escluso ogni uso superfluo e vanno evitati eccessi e ridondanze.
Principio di proporzionalità: gli impianti di videosorveglianza possono essere attivati solo quando altre misure siano ponderatamente valutate insufficienti o inattuabili.

Nel commisurare la necessità di un sistema al grado di rischio presente in concreto, va evitata la rilevazione di dati in aree o attività che non sono soggette a concreti pericoli, o per le quali non ricorre un'effettiva esigenza di deterrenza, come quando, ad esempio, le telecamere vengono installate solo per meri fini di apparenza o di "prestigio".
Se la loro installazione è finalizzata alla protezione di beni, anche in relazione ad atti di vandalismo, devono risultare parimenti inefficaci altri idonei accorgimenti quali

controlli da parte di addetti, sistemi di allarme, misure di protezione degli ingressi, abilitazioni agli ingressi.

Non va adottata la scelta semplicemente meno costosa, o meno complicata, o di più rapida attuazione, che potrebbe non tener conto dell'impatto sui diritti degli altri cittadini o di chi abbia diversi legittimi interessi.

La videosorveglianza è, quindi, lecita solo se è rispettato il c.d. principio di proporzionalità, sia nella scelta se e quali apparecchiature di ripresa installare, sia nelle varie fasi del trattamento.

Principio di finalità: gli scopi perseguiti devono essere determinati, espliciti e legittimi. Ciò comporta che il titolare possa perseguire solo finalità di sua pertinenza.

I soggetti pubblici e privati non possono assumere quale scopo della videosorveglianza finalità di sicurezza pubblica, prevenzione o accertamento dei reati che invece competono solo ad organi giudiziari o di polizia giudiziaria oppure a Forze Armate o di Polizia.

In ogni caso, possono essere perseguite solo finalità determinate e rese trasparenti, ossia direttamente conoscibili attraverso adeguate comunicazioni e/o cartelli di avvertimento al pubblico (fatta salva l'eventuale attività di acquisizione di dati disposta da organi giudiziari o di polizia giudiziaria), e non finalità generiche o indeterminate, tanto più quando esse siano incompatibili con gli scopi che vanno esplicitamente dichiarati e legittimamente perseguiti. Le finalità così individuate devono essere correttamente riportate nell'informativa.

La videosorveglianza da parte di soggetti pubblici
Un soggetto pubblico può effettuare attività di videosorveglianza solo ed esclusivamente **per svolgere funzioni**

istituzionali. Anche quando un'amministrazione è titolare di compiti in materia di pubblica sicurezza o prevenzione dei reati, per installare telecamere deve comunque ricorrere un'**esigenza effettiva** e proporzionata di prevenzione o repressione di pericoli concreti. Non è quindi lecita, senza tale valutazione, una capillare videosorveglianza d'intere aree cittadine.

Sono ammesse, nel rispetto di principi specifici, telecamere su alcuni mezzi di trasporto pubblici, nei luoghi di culto e sepoltura. Sono ingiustificati gli impianti installati al solo fine di controllare il divieto di fumare, di calpestare aiuole, di depositare sacchetti dell'immondizia, etc.

La videosorveglianza da parte di soggetti privati

Si possono installare telecamere **senza il consenso** degli interessati, sulla base delle prescrizioni indicate dal Garante, quando chi intende rilevare le immagini **deve perseguire un interesse legittimo a fini di tutela di persone e beni** rispetto a possibili aggressioni, furti, rapine, danneggiamenti, atti di vandalismo, prevenzione incendi, sicurezza del lavoro, ecc..

Le riprese di **aree condominiali** da parte di più proprietari o condomini, di studi professionali, società ed enti sono ammesse esclusivamente per preservare, da concrete situazioni di pericolo, la sicurezza di persone e la tutela dei beni. L'installazione da parte di singoli condomini richiede comunque l'adozione di cautele: angolo visuale limitato ai soli spazi di propria pertinenza, nessuna ripresa di aree comuni o antistanti le abitazioni di altri condomini, ecc.. I videocitofoni sono ammessi per finalità identificative dei visitatori.

Durata dell'eventuale conservazione

In applicazione del principio di proporzionalità, anche l'eventuale conservazione temporanea dei dati deve essere commisurata al grado d'indispensabilità e per il solo tempo necessario - e predeterminato - a raggiungere la finalità perseguita.

La conservazione deve essere limitata a poche ore o, al massimo, alle ventiquattro ore successive alla rilevazione, fatte salve speciali esigenze di ulteriore conservazione in relazione a festività o chiusura di uffici o esercizi, nonché nel caso in cui si deve aderire ad una specifica richiesta investigativa dell'autorità giudiziaria o di polizia giudiziaria.

Solo in alcuni specifici casi, per peculiari esigenze tecniche (mezzi di trasporto) o per la particolare rischiosità dell'attività svolta dal titolare del trattamento (ad esempio, per alcuni luoghi come le banche può risultare giustificata l'esigenza di identificare gli autori di un sopralluogo nei giorni precedenti una rapina), è ammesso un tempo più ampio di conservazione dei dati, che non può comunque superare la settimana.

L'informativa

Gli interessati devono essere informati che stanno per accedere o che si trovano in una zona videosorvegliata e dell'eventuale registrazione; ciò anche nei casi di eventi e in occasione di spettacoli pubblici (concerti, manifestazioni sportive) o di attività pubblicitarie (attraverso web cam).

L'informativa deve fornire gli elementi previsti dal Codice anche con formule sintetiche, ma chiare e senza ambiguità. Tuttavia il Garante ha individuato un modello semplificato di informativa "minima", riportato nel fac-simile qui riportato.

VIDEOSORVEGLIANZA NEI LUOGHI DI LAVORO

Domande ricorrenti degli utenti (FAQ)
PRESENTATE AL MINISTERO DEL LAVORO

SOGGETTI INTERESSATI

Vorrei installare un impianto di videosorveglianza nella mia azienda, dove occupo un solo dipendente. Cosa devo fare per legittimarne l'utilizzo?

Le aziende che occupano fino a 15 dipendenti e che intendano installare nei luoghi di lavoro un impianto di videosorveglianza hanno l'obbligo, sancito dall'art. 114 del D.Lvo N° 196/2003 che richiama l'art. 4 della Legge N° 300/1970, di munirsi di apposita autorizzazione all'installazione ed all'utilizzo dell'impianto, rilasciata dalla Direzione Territoriale del Lavoro (DTL) competente per territorio, previa presentazione di apposita istanza. Secondo tale norma, nella fattispecie devono ricorrere esigenze organizzative e produttive ovvero di sicurezza del lavoro (da estendere anche al concetto di tutela del patrimonio). La richiesta va fatta, a cura del titolare dell'impianto, utilizzando (preferibilmente) l'apposito modulo messo a disposizione dalla DTL sul sito www.lavoro.gov.it accedendo al link Uffici Territoriali. A conclusione delle relative valutazioni tecniche, effettuate sulla base della documentazione allegata all'istanza, l'Ufficio rilascia alla ditta il provvedimento di autorizzazione, individuando, nello stesso, opportune condizioni di utilizzo del sistema che hanno potere vincolante per l'azienda.

L'obbligo di cui sopra vige anche per le aziende che, occupando più di 15 dipendenti, siano sprovviste di rappresentanti sindacali aziendali (RSA o RSU) o che, pur avendoli, non hanno raggiunto un accordo sindacale con gli stessi per l'utilizzo dell'impianto di videosorveglianza.

L'obbligo non vige per le aziende che non occupano dipendenti.

In tutti i casi sopra esposti, il titolare dell'impianto, e quindi del trattamento dei dati, deve comunque ottemperare agli obblighi di informativa previsti dall'art. 13 del D.Lvo N° 196/2003.

CONSENSO DEI LAVORATORI

Per utilizzare un impianto di videosorveglianza in azienda è sufficiente far sottoscrivere ai lavoratori dipendenti una nota di consenso?

No. Il consenso espresso dai lavoratori è materia privacy che riguarda l'applicazione degli artt. 23 e 24 del D.Lvo N° 196/2003. Esso non ha nulla a che fare con la procedura prevista dall'art. 4, comma 2, della Legge N° 300/1970, che indica nell'accordo con le rappresentanze sindacali aziendali, eventualmente presenti in azienda, la strada maestra per la legittimazione dell'impianto.

La stessa procedura prevede inoltre che, in difetto di accordo, ricorra per il datore di lavoro l'obbligo di richiedere alla Direzione Territoriale del Lavoro il rilascio dell'apposita autorizzazione.

INFORMATIVA AI LAVORATORI

E' necessario allegare all'istanza le informative firmate dai dipendenti?

L'informativa consegnata ai dipendenti non è tra i documenti da allegare all'istanza.

INSTALLAZIONE DELL'IMPIANTO

Posso installare l'impianto di videosorveglianza e tenerlo spento fino a quando otterrò l'autorizzazione?

La norma prevede l'attivazione della procedura art. 4, comma 2, della Legge N° 300/1970 non solo per l'utilizzo dell'impianto ma, ancor prima, per l'installazione. Pertanto si consiglia di presentare l'istanza dopo aver approntato un progetto di massima, evitando di procedere con l'installazione e calcolando un lasso di tempo che varia tra i 30 ed i 60 giorni, a partire dalla data della richiesta, per ottenere l'autorizzazione.

installazione impianto

Se le telecamere inquadrano solo l'esterno della ditta, è comunque necessario richiedere l'autorizzazione?

L'orientamento giurisprudenziale tende ad identificare come luoghi soggetti alla normativa in questione anche quelli esterni dove venga svolta attività lavorativa in modo saltuario o occasionale (ad es. zone di carico e scarico merci). Sarebbero invece da escludere dall'applicazione della norma quelle zone esterne estranee alle pertinenze della ditta, come ad es. il suolo pubblico, anche se antistante alle zone di ingresso all'azienda.

FINALITÀ DELLA NORMA

A che cosa serve l'autorizzazione?

L'autorizzazione, come pure l'accordo sindacale con le RSA, è lo strumento attraverso il quale si stabiliscono modalità di utilizzo di un sistema di controllo a distanza che, nel soddisfare le esigenze manifestate dall'azienda, sono comunque tese a preservare le libertà fondamentali e la dignità dei lavoratori occupati nei luoghi di lavoro.

SOGGETTI INTERESSATI

La normativa si riferisce solo alle aziende commerciali?

No. La normativa si riferisce a qualsiasi tipo di attività, per l'effettuazione della quale venga occupato personale dipendente.

Dovendo richiedere l'autorizzazione a quale Ufficio mi devo rivolgere?

L'Ufficio preposto al rilascio dell'autorizzazione è la Direzione Territoriale del Lavoro competente per territorio nella provincia dove ha sede l'unità locale della ditta presso cui si intende installare l'impianto.

Dovendo richiedere l'autorizzazione per più sedi aziendali ubicate nella stessa provincia, basta inoltrare una sola istanza?

L'autorizzazione va riferita ad una singola sede aziendale presso la quale il sistema di controllo (videosorveglianza, geolocalizzazione ecc) venga installato. Pertanto il datore di lavoro deve presentare una istanza per ciascuna sede aziendale interessata.

Oltre alle due marche da bollo, sono previste altre spese per ottenere l'autorizzazione?

Non sono previste altre spese.

Le due marche da bollo vanno applicate entrambe sull'istanza?

Solo una delle due marche da bollo va applicata sull'istanza. L'altra deve essere allegata alla documentazione e verrà successivamente applicata sul provvedimento di autorizzazione al momento del rilascio.

Per la redazione dell'istanza è indispensabile utilizzare il modello di istanza proposto dalla Direzione Territoriale del Lavoro?

Non è obbligatorio utilizzare il modello proposto dalla DTL, il quale ha solo una funzione di supporto alle aziende nella fase di presentazione della richiesta. Il datore di lavoro può pertanto approntare un modulo personalizzato che contenga, però, tutti gli elementi necessari per una adeguata valutazione dell'istanza.

La documentazione relativa alla relazione tecnica ed alle planimetrie deve essere approntata e firmata da un professionista?

Tale documentazione non necessita di attestati di certificazione, in quanto il datore di lavoro, nel sottoscrivere l'istanza, si assume la responsabilità della veridicità delle informazioni fornite. La relazione tecnica e le planimetrie, pertanto, possono essere preparate direttamente dal datore di lavoro.

L'autorizzazione viene rilasciata contestualmente alla presentazione dell'istanza?

No, in quanto vanno fatte da parte dell'Ufficio le opportune valutazioni tecniche ed, in alcuni casi (qualora si tratti di autorizzare sistemi complessi o quando le informazioni fornite dall'azienda risultino carenti sotto alcuni aspetti), è necessario procedere con l'effettuazione di un sopralluogo in azienda a cura del personale tecnico della DTL incaricato per la valutazione del caso.

L'AUTORIZZAZIONE

L'autorizzazione ha una scadenza?

L'autorizzazione mantiene la sua validità fintanto che nulla cambi nella configurazione dell'impianto installato, rispetto a quanto autorizzato. In tal senso si può affermare che l'autorizzazione non ha scadenza. E' però opportuno che, in caso di modifiche, il datore di lavoro comunichi alla DTL le variazioni che intende apportare all'impianto, affinché l'Ufficio abbia modo di intervenire sul provvedimento di autorizzazione già rilasciato con integrazioni o sostituzioni.

Quali sono le informazioni contenute nell'autorizzazione?

L'autorizzazione contiene informazioni sul numero, sul tipo e sulla dislocazione delle apparecchiature facenti parte dell'impianto, nonché sulle modalità di funzionamento dello stesso. Vi sono inoltre elencate alcune condizioni di utilizzo individuate dall'Ufficio al fine di: evitare un indebito controllo a distanza dell'attività lavorativa svolta dai dipendenti; impedire l'acquisizione di dati non pertinenti con le finalità dell'impianto o comunque lesivi della riservatezza dei lavoratori; garantire l'adozione di adeguate misure di protezione dei dati raccolti; fissare entro i limiti previsti dalla norma i tempi di conservazione dei dati.

Quali sono le principali condizioni di utilizzo previste per poter autorizzare un impianto di videosorveglianza negli ambienti di lavoro?

Il mantenimento dell'impianto a circuito chiuso all'interno della sede aziendale è una delle condizioni più importanti cui si ricorre al fine di evitare che si possano liberamente visionare le immagini da postazione remota mediante l'impiego di PC, tablet o telefoni cellulari. Si può derogare a tale divieto nel caso il datore di lavoro abbia affidato alle Forze dell'Ordine (Questura o Carabilineri), oppure ad un Istituto di Vigilanza privato, il servizio di videosorveglianza mediante collegamento dell'impianto con la centrale operativa di tali soggetti.

Anche il coinvolgimento del personale dipendente, nelle occasioni in cui sia necessario accedere alla visione od allo scarico delle immagini registrate, è una delle condizioni imprescindibili previste nell'autorizzazione. Tale coinvolgimento si garantisce, di fatto, prescrivendo la condivisione tra datore di lavoro e dipendenti della password di accesso alle registrazioni.

In merito al posizionamento ed all'orientamento delle telecamere, poi, si assicura che, ad eccezione dei locali aperti alla clientela, per i quali non sono previste particolari restrizioni, negli ambienti di lavoro non vengano inquadrate postazioni fisse o zone destinate alla esecuzione dell'attività lavorativa. Sono ammesse invece telecamere che sorveglino porte, finestre o zone di passaggio come i corridoi.

Oltre all'affidamento del servizio alle Forze dell'Ordine, ci sono altri casi particolari per cui è consentito il collegamento dell'impianto di videosorveglianza a postazione remota?

Si. Nel caso il datore di lavoro, a fronte di un basso rischio di furti o rapine nelle fasce orarie di apertura della ditta, non ravvisi la necessità di mantenere in funzione l'impianto di videosorveglianza durante lo svolgimento dell'attività lavorativa, si può autorizzare l'attivazione dell'impianto solo ed esclusivamente nelle fasce orarie di chiusura, senza alcuna restrizione in relazione al controllo delle immagini da remoto.

CAMBIO RAGIONE SOCIALE

Ho rilevato una attività aziendale per la quale al vecchio proprietario è stata già rilasciata una autorizzazione alla installazione di un impianto di videosorveglianza. Cosa devo fare?
L'autorizzazione viene intestata alla ditta che utilizza il sistema. Nel caso cambi la ragione sociale di tale ditta, il soggetto subentrante deve provvedere a richiedere, mediante istanza, il rilascio di una nuova autorizzazione, segnalando eventuali modifiche che venissero fatte sull'impianto.

SOGGETTI INTERESSATI

La mia azienda non occupa dipendenti per gran parte dell'anno, ad eccezione di alcuni periodi in cui si ricorre ad assunzioni a termine od a chiamata. Devo richiedere ugualmente l'autorizzazione?
Si. Nel caso specifico l'autorizzazione ha vigore solo nei periodi di occupazione di personale dipendente, mentre rimane sospesa nel resto dell'anno.

AMBITI DI APPLICAZIONE

Oltre alla videosorveglianza, ci sono altri ambiti di applicazione dell'art. 4 Legge N° 300/70?

La norma ricorre ogni qualvolta si intenda utilizzare in ambienti lavorativi apparecchiature dalle quali possa scaturire un incidentale controllo a distanza dell'attività lavorativa. In tal senso rientrano in tale ambito, ad esempio, anche gli impianti di geolocalizzazione satellitare degli automezzi o di dispositivi aziendali dotati di GPS, il trattamento dei dati relativi a traffico di posta elettronica ed internet o ad attività svolta con sistemi informatici, le registrazioni di conversazioni telefoniche o di dati telefonici aziendali.

MODALITA' PRESENTAZIONE ISTANZA

Si può inoltrare l'istanza alla Direzione Territoriale del Lavoro via PEC?

No, a causa della necessità di presentare le marche da bollo.

FONTE: MINISTERO DEL LAVORO

LE NUOVE NORME PREVISTE DAL JOBS ACT 2015

Il nuovo articolo 4 dello Statuto dei lavoratori, come riformato dall'art. 23, comma 1, del decreto legislativo 151/2015, dispone:

1 "1. Gli impianti audiovisivi e gli altri strumenti dai quali derivi anche la possibilità di controllo a distanza dell'attività dei lavoratori possono essere impiegati esclusivamente per esigenze organizzative e produttive, per la sicurezza del lavoro e per la tutela del patrimonio aziendale e possono essere installati previo accordo collettivo stipulato dalla rappresentanza sindacale unitaria o dalle rappresentanze sindacali aziendali. In alternativa, nel caso di imprese con unità produttive ubicate in diverse province della stessa regione ovvero in più regioni, tale accordo può essere stipulato dalle associazioni sindacali comparativamente più rappresentative sul piano nazionale. In mancanza di accordo gli impianti e gli strumenti di cui al periodo precedente possono essere installati previa autorizzazione della Direzione territoriale del lavoro o, in alternativa, nel caso di imprese con unità produttive dislocate negli ambiti di competenza di più Direzioni territoriali del lavoro, del Ministero del lavoro e delle politiche sociali.

2 La disposizione di cui al comma 1 non si applica agli strumenti utilizzati dal lavoratore per rendere la prestazione lavorativa e agli strumenti di registrazione degli accessi e delle presenze.

3   Le informazioni raccolte ai sensi dei commi 1 e 2
sono utilizzabili a tutti i fini connessi al rapporto di
lavoro a condizione che sia data al lavoratore
adeguata informazione delle modalità d'uso degli
strumenti e di effettuazione dei controlli e nel rispetto di quanto disposto dal decreto legislativo
30 giugno 2003, n. 196."

ATTUALMENTE (FEBBRAIO 2016) L'AUTORITA' GA-
RANTE DELLA PRIVACY NON SI E' ANCORA PRONUN-
CIATA SU QUESTE ULTIMISSIME NORME.

APPENDICE

piccolo glossario dei termini tecnici

ACCESS POINT - dispositivo informatico che trasmette un segnale in WIFI ad un router (vedi) - in CCTV sipossono utilizzare per trasmettere in wireless (vedi) il segnale di una IP CAM (vedi) non dotata autonomamente di trasmissione WIFI

ADSL - (Asymmetric Digital Subscriber Line) collegamento ad alta velocità per il servizio internet su doppino telefonico o via radio

ANALOGICA (telecamera) restituisce un segnale video modulato con continuità - uscita su cavo coassiale (vedi)

AUTOIRIS regolazione automatica del diaframma dell'obiettivo per reagire alle variazioni di luce in entrata

AUTOFOCUS messa a fuoco automatica

AUTOPAN possibilità di un telecamera PTZ (vedi) di muoversi automaticamente tra due limiti pre-impostabili

AUTO -TRACKING possibilità di un telecamera PTZ (vedi) di seguire automaticamente un soggetto in movimento

AWB (auto white balance) bilanciamento del bianco automatico per restituire colori naturali in ogni condizione

BALUN (balanced-unbalanced) dispositivo di adattamento d'impedenza che permette l'utilizzo di un DOPPINO (vedi) al posto di un CAVO COASSIALE (vedi)

BLC (back light compensation) compensazione automatica del controluce

BNC connettori specifici per cavi video detti "maschi" se sono a spina e "femmine" se sono a presa

BULLET telecamere da esterno, perlopiù cilindriche (da qui il nome) che non abbisognano di protezione dagli agenti atmosferici

CAVO COASSIALE è formato da un conduttore centrale e da una calza all'intorno (massa) - Quelli per CCTV (vedi) hanno impedenza di 75 Ohm

CAVO DI RETE cavo a più conduttori intrecciati per connettere dispositivi di rete LAN (vedi)

CCD (charge coupled device) tipo di sensore per telecamere ad alta resa

CCTV (close circuit television) circuito televisivo chiuso - si indica con questa sigla un impianto di videosorveglianza

CMOS (Complementary Metal Oxide Semiconductor) sensori video di nuova generazione molto diffusi in CCTV (vedi)

CONTROLLER PTZ un dispositivo per comandare gli spostamenti di una telecamera PTZ tramite un joystick

DAY&NIGHT (telecamera) - ha funzionalità di visione diurna e notturna

DIAFRAMMA dispositivo meccanico o elettronico all'interno dell'OBIETTIVO (vedi) per regolare la quantità di luce che deve entrare in un a fotocamera, videocamera o telecamera CCTV - Quelli meccanici sono ormai in disuso

DIGITALE (telecamera) - restituisce un uscita video digitale, su cavo LAN (vedi)

DIGITALIZZAZIONE conversioni di un segnale da analogico a digitale

DOPPINO (cavo) cavo bipolare a due conduttori intrecciati che, con opportuni accorgimenti, pur essere usato come cavo CCTV - vedi BALUN -

DUPLEX la capacità di un DVR o NVR (vedi) di registrare le immagini ed immetterle in rete contemporaneamente - vedi anche TRIPLEX

DVR (digital video recorder) l'apparato che riceve i segnali video dalle telecamere, li registra e li mette in rete internet per la visone remota

DVR IBRIDO : un DVR (vedi) che accetta e gestisce in entrata telecamere analogiche e digitali

D1 protocollo di risoluzione video pari a 720 x 576 pixel

ETHERNET protocollo standard per trasmissioni digitali su rete LAN (vedi)

FIFO (first in first out) sistema usato dai DVR e NVR per limitare lo spazio di memorizzazione dei filmati. Quando il disco è pieno, vengono cancellati per prima i file più vecchi

FILTRO MECCANICO dispositivo meccanico automatico che, al calare dell'oscurità , permette ad una telecamera di vedere anche le radiazioni della luce nella gamma degli infrarossi (vedi) permettendo l'uso di illuminati a infrarossi.

F.P.S. (frame per second) fotogrammi per secondo di un video . Gli standard per videosorveglianza vanno dai 25 ai 60 fps

FRAME singolo fotogramma di un video

FULL HD protocollo di risoluzione video pari a 1920 x 1280 pixel

GRANDANGOLARE (obiettivo o telecamera) dotato di visione ad ampio campo di ripresa, paragonabile ad obiettivi fotografici da 28 mm in giù

HD protocollo di risoluzione video pari a 1280x720 pixel

HDMI (High-Definition Multimedia Interface) connettore - o cavo - di entrata/uscita segnali video ad alta definizione - sostituisce il connettore VGA (vedi) nei DVR ed NVR più recenti

HUB sinonimo di SWITCH (vedi)

H264 il protocollo di compressione video più impiegato negli attuali DVR (vedi)

IBRIDA (telecamera) dotata di uscite analogiche e digitali

ILLUMINATORE AD INFRAROSSI serie di LED (vedi) , di solito posti attorno all' OBIETTIVO (vedi) di una telecamera per permettere la visione notturna

INFRAROSSI gamma di luce al di sotto della porzione visibile ad occhio nudo, usati per telecamere notturne

IP CAM telecamera digitale con uscita diretta su cavi di rete. le IP cal possiedono un loro proprio indirizzo IP

IP DINAMICO indirizzo pubblico internet che cambia ad ogni connessione

IP STATICO indirizzo pubblico internet che non cambia ad ogni connessione

LAN (local area network) rete informatica locale

LED (light emitting diodes) diodi luminosi. In CCTV (vedi) si utilizzano principalmente quelli a luce infrarossa come illuminati notturni

LUMEN unità di musica internazionale per quantificare la quantità di luce emessa da un fonte di luce

LUX unità di misura internazionale per quantificare l'illuminazione di una scena

MODEM dispositivo per connettere PC e DVR alla rete internet

MOTION DETECTION (rilevazione di movimento) tecnica digitale per rilevare movimenti nell'area inquadrata da una telecamera , ottenuta con la comparazione continua dei fotogrammi precedenti quello attuale. Un MD pone un sistema di VIDEOSORVEGLIANZA in allarme

MPEG-2 il protocollo video utilizzato dai DVD

MPEG-4 altro protocollo di compressione video

PAL sistema televisivo italiano ed europeo a 625 linee

NTSC sistema televisivo americano a 525 linee

NVR (network video recorder) esattamente come un DVR (vedi) ma accetta soltanto entrate di rete da telecamere digitali

OBIETTIVO la parte ottica di una telecamera e permette alla luce di raggiungere il SENSORE (vedi)

ONDE CONVOGLIATE (SISTEMA AD) - vedi PLC

PIXEL sono singoli elementi di un sensore CCD e costitui-scono l'unità di misura per sensori (anche CMOS) (vedi) e quindi per la loro risoluzione totale

PLC (POWERLINE CAM) sistema di telecamere CCTV che utilizzano la rete elettrica per trasmettere il segnale video senza altri cavi. In questi sistemi, anche il NVR (vedi) è direttamente connesso alla rete elettrica e da questa preleva i segnali video delle telecamere. - Detto anche SISTEMA AD ONDE CON-VOGLIATE -

POE (power over ethernet) sistema di alimentazione di una IP CAM (vedi) tramite il suo stesso cavo di rete, mediante apposi-to alimentatore speciale

POWERLINE CAM - vedi PLC

PT telecamera dotata di brandeggio PAN (in senso orizzonta-le) e TILT (in senso orizzontale circolare)

PTZ telecamera dotata di brandeggio PAN (in senso orizzonta-le attorno al proprio asse) e TILT (in senso verticale, su-giù) . Inoltre, le PTZ sono dotate di ZOOM (ingrandimento variabi-le) - Queste telecamere sono anche dette SPEED DOME (vedi)

RCA connettore per entrate ed uscite audio

ROBOCAM altro nome delle telecamere PT (vedi) con server integrato ed audio bi-direzionale

ROUTER sono modem (vedi) con funzioni di rete aggiuntive

RS485 il protocollo seriale adottato per comandare il movimento delle telecamere PTZ(vedi)

SENSORE la parte critica di qualsiasi fotocamera, videocamera o telecamera TVCC - potrà essere un CCD (vedi) o un CMOS (vedi) - su di esso si forma l'immagine che poi verrà digitalizzata al sistema

SHUTTER otturatore di fotocamere, videocamere, telecamere CCTV - In queste sempre elettronico

SPEED DOME altro termine con cui si indica un tlc PTZ (vedi)

SWITCH dispositivo per connettere più periferiche di rete LAN (vedi) assieme - sinonimo di HUB (vedi)

TARGHE (telecamere per lettura) sono speciali telecamere espressamente concepite per l lettura di targhe di veicoli in movimento. NON possono essere utilizzate come telecamera universale

TRIGGER (letteralmente "grilletto") è la soglia alla quale deve arrivare un segnale per far scattare una data condizione (es. di motion detection (vedi)

TRIPLEX la capacità di un DVR o NVR (vedi) di registrare le immagini, immetterle in rete, consentire la ricerca delle immagini in archivio contemporaneamente

ULTRA HD vedi 4K

VARIFOCAL telecamera o obiettivo con zoom (vedi) pre-impostabile

VGA protocollo video (640 x 480 pixel) ma anche PRESA di entrata / uscita del segnali video sui computers di più vecchia generazione - Ormai sostituita dalla HDMI (vedi)

VIDEOSORVEGLIANZA la visione e registrazione in tempo reale delle immagini provenienti da telecamere di sicurezza. Ad essa spesso è integrata la trasmissione delle stesse a distanza

WIFI protocollo di trasmissione di dati digitali via radio. In italia la frequenza ciò dedicata di 2.4 Ghz

WIRELESS genericamente, la trasmissione senza fili di un segnale

ZOOM ingrandimento variabile di un obiettivo, può essere ottico o digitale, a seconda che agisca, rispettivamente, sul gruppo lenti dell'obiettivo o che ingrandisca l'immagine con un artifizio elettronico

720P standard video corrispondente al formato HD (vedi)

1080P standard di risoluzione video corrispondente al formato FULL HD (vedi)

4K protocollo video ad altissima risoluzione - ULTRA HD - non ancora supportato nei sistemi CCTV

INDICE: